阅读
阅美

好—文—笔—是—读—出—来—的

好一本是读出来的

阅阅美读

陈 默 / 编著

50堂高效阅读课
好文笔都是读出来的

吉林摄影出版社
·长春·

意林阅读

图书在版编目（CIP）数据

50堂高效阅读课：好文笔都是读出来的 / 陈默编著. -- 长春：吉林摄影出版社，2019.3
（阅读阅美）
ISBN 978-7-5498-3949-0

Ⅰ. ①5… Ⅱ. ①陈… Ⅲ. ①阅读课 – 中学 – 课外读物 Ⅳ. ①G634.333

中国版本图书馆CIP数据核字（2018）第290379号

50堂高效阅读课：好文笔都是读出来的
50 TANG GAOXIAO YUEDUKE: HAOWENBI DOUSHI DU CHULAI DE

编　　著	陈　默	印　　张	8.5
出 版 人	孙洪军	版　　次	2019年3月第1版
主　　编	杜普洲	印　　次	2019年3月第1次印刷
责任编辑	吴　晶	出　　版	吉林摄影出版社
总 策 划	徐　晶	发　　行	吉林摄影出版社
特约策划	吴珊珊	地　　址	长春市泰来街1825号
设计总监	资　源	邮　　编	130062
特约编辑	吴珊珊	电　　话	总编办：0431-86012616
封面设计	资　源		发行科：0431-86012602
美术编辑	郭　宁　李雪菲	网　　址	www.jlsycbs.net
发行总监	王俊杰	经　　销	全国各地新华书店
开　　本	889mm×1194mm 1/32	印　　刷	三河市宏图印务有限公司
字　　数	200千字		
书　　号	ISBN 978-7-5498-3949-0	定　　价	36.00元

版权所有　翻印必究

（如发现印装质量问题，请与承印厂联系退换）

目录

CHAPTER 01

阅读之前,你得认清"阅读"

01　互联网时代的阅读攻略:纸质书+电子书 / 002
02　中学生阅读四问题:不阅读、浅阅读、窄阅读、做阅读 / 007
03　碎片化阅读,并不是深度思考的"毒药" / 012
04　名著阅读的误区和策略 / 016
05　"精读"和"多读",我该如何选择 / 021
06　不要忽视"阅读"和"笔记" / 026
07　阅读和背诵息息相关 / 032
08　阅读需要课内、课外"两条腿"走路 / 036
09　中学生阅读两重点:考试阅读和鉴赏性阅读 / 040
10　我们为什么要阅读,这是最好的答案 / 045

1

学会选书,是一种无形的财富

- 11 学会选书对中学生来说有多重要 / 052
- 12 选书就是选人——品读思想,寻找灵魂 / 059
- 13 向榜样学习——名家如何列书单 / 066
- 14 最便捷的方法:从日常生活中收集书单线索 / 074
- 15 在实体店购书印象更深刻 / 078
- 16 买书也有说法,列购书清单的诀窍 / 082
- 17 要列两类书单——"必读"书单和"选读"书单 / 085
- 18 流行 = 内容好?畅销书要慎选 / 090
- 19 加入读书会——借鉴别人的书单 / 096
- 20 好书单助你成为优等生——按照中学生核心素养定书单 / 103

利用生活,养成阅读的好习惯

- 21 每天都读书,真如想象中那么简单吗 / 112
- 22 清晨,让书籍把耳朵叫醒——晨读,头脑最活跃 / 117

23　利用午餐时间阅读，一年能看 50 本书 ／ 122
24　睡前阅读，记忆更持久 ／ 127
25　阅读记忆：怎样做才能记住读过的内容呢 ／ 132
26　"高效阅读"是怎样炼成的 ／ 137
27　"交互阅读"是一种怎样的体验 ／ 142
28　从"有意"到"无意"，阅读计划不可少 ／ 147
29　随手翻书好习惯，把家打造成小"图书馆" ／ 152
30　养成良好阅读习惯的 8 种方法 ／ 157

CHAPTER 04　一些技巧，教你高效阅读

31　高效阅读的三个误区，你中招了吗 ／ 164
32　拿到一本新书之后，你要怎样阅读 ／ 169
33　勤动笔、做记号，把读过的书变成永久的财富 ／ 175
34　三个步骤，计算你的阅读速度 ／ 180
35　提升专业性阅读水平，打造以一抵百的竞争力 ／ 185
36　一分钟"快速浏览"法，拉近你与知识的距离 ／ 190
37　提高专注力，花更少的时间获取更多的知识 ／ 194
38　了解作者的行文技巧，阅读、写作双管齐下 ／ 199
39　使用思维导图，培养更好的记忆能力 ／ 204
40　找到阅读规律，成为阅读高手 ／ 208

CHAPTER

阅读之后，别忘了"输出"

41 "装"得多，才能"输"得好 / 214
42 一概二评三推荐，撰写书评并不难 / 219
43 交流读书心得，架起书友间情感桥梁 / 225
44 善用读过的故事，感动周围的人 / 230
45 善用书中的智慧，劝导周围的人 / 235
46 考场气定神闲，运筹满分作文 / 240
47 待到妙笔生花，读者成了作者 / 245
48 三尺演讲台，抒发满腔激情 / 250
49 搅动三寸舌，终成雄辩之才 / 255
50 古代圣贤教我们阅读后该干什么 / 260

Chapter 01

阅读之前，你得认清『阅读』

  我们现在必须认识到：阅读——非做不可！所谓知己知彼，百战不殆。试问，阅读之事你知多少？

  阅读之前你需要阅读这篇攻略。本章所选文章从阅读的现状、阅读存在的问题及对策、阅读的分类以及阅读的意义等方面，力图为读者呈现一个全方位的阅读风貌。

——本章指导教师：景毛毛

01

互联网时代的阅读攻略：纸质书+电子书

> 读一本好书，能让人开茅塞，除鄙见，得新知，增学问，广识见，养性灵。
>
> ——林语堂

春风十里，不如坐下阅读。

在这个移动互联网时代，海量信息膨胀，生活节奏加快，人们的阅读方式随之也发生了很大变化。从纸张到屏幕，互联网"翻开"阅读新常态。电子书和纸质书到底孰优孰劣？它们给人们的阅读带来什么样不同的体验？纸质书会不会被电子书取代？

一、关于电子阅读和纸质阅读的"纠结"

互联网时代"阅读"被重新定义，它的内涵和外延都被扩展，不仅包括传统的纸质阅读，更包括一切基于互联网或电子设备的文字、影像、图片等内容。它让全民阅读成为一种可能，从技术层面来讲，这是多了一个阅读平台和阅读渠道。它可以合理利用许多零碎时间，电子书随时随地都能读，在公交车上，在熙熙攘攘的商场，甚至午夜梦醒，都能随时开启阅读模式。互联网同样改变着阅读形态。一直以来，阅读都是一种较为私密的行为，但在互联网时代，开始有了形态多样的社会化交流。如豆瓣阅读的书评，成为不少人读书前后交流心得的重要平台，还有各种好书推荐、读书微信公众号等。再者，互联网为阅读注入了社交元素——分享、互动、传播。在读者与读者、读者与作者的交流互动中，阅读的价值被放大等。它的消极作用表现在：首先，数字化时代的到来，人们难以静下心来深入阅读。特别是生机勃勃的手机平板拇指化阅读，拇指代替大脑，我们的阅读能力确实是无可奈何地在退化。价格便宜、获取便利使得不少人远离了内容丰富深刻的纸质图书。其次，互联网缺失专业的"把关人"。因此不能保证知识的准确性。若是从事医疗、教学、研究等工作，有些信息显然是靠不住的。再次，网络的内容良莠不齐，很难进行引导，网络阅读泛滥将会降低整个社会读书的层次。尤其对缺乏自制力的青少年来说，沉溺其中不但会浪费大量时间，直接影响学习，而且不良的内容有害于他们的身心健康。

传统阅读是通过阅读印刷在纸介质等非电子设备上的文本、图像等形式的内容。我们从小就接触,再熟悉不过了。纸质阅读让我们感受到文字的魅力。纸质书散发出来的墨香,一本好书精良的封面设计、装帧等,也代表着出版方的品位,带给人美好的感觉。一卷在手,油然而生出的庄重感、真实感,有保存和收藏价值,读者更好做笔记,对理解文章大意更具有好处。有利于共享,传借方便,且错误率低,甚至没有(如果买的不是盗版),能较好地满足读者的需求……缺点在于携带不方便,且占用空间大;不利于查找,不像电子书有搜索功能,点击即可出现自己想要的页面等。

由此观之,无论是电子阅读还是纸质阅读都各有利弊,谁也不会被谁取代,二者有一个共同的指向就是都希望人们能养成良好的阅读习惯,并选择真正有价值的书籍阅读。

二、到纸质阅读中寻找满足感

我们经常可以看到中学生在公交、地铁上拿着手机津津有味地看着电子书,甚至连走路、上厕所的时候也在看。电子阅读已经逐渐成为学生们阅读中学课外图书的主要方式,互联网和手机阅读占据了中学生课外阅读很大的一部分。电子书携带方便，资源海量且搜索方便的特点对于中学生来说是最可爱的，但是这不能弥补电子图书在中学生课外阅读中表现出的不足。第一，电子阅读对于中小学生视力的影响。还在发育中的学生们经常使用手机进行阅读，长时间会使睫状肌产生疲劳，引起假性近视。第二，缺乏正确的阅读引导。阅读内容的多样化，良莠不齐，比如近几年来网络文学较受中学生的喜爱，它比传统文学有了更多的交互性和相对自由性，但充溢着更多的矫情和伪饰、谐谑和怪异，其消极因素也不可避免，导致许多中学生感染这一病毒。第三，阅读效果不好。学生们在使用手机等电子设备进行阅读的时候，通常只是一种"浅阅读"，即一种浅层次的阅读，快餐式的阅读，这种阅读只是对内容的浅尝辄止，并没有对内容进行深入的思考，长期的浅阅读更会造成阅读时的浮躁情绪，这样会严重影响学生们在学习中对于知识的汲取。因此，在数字化阅读的时代中，纸质图书仍然应该被大力推广。正如文化大家王元化曾说过，读书要"沉潜往复，从容含玩"。手捧一本泛着墨香的中学课外图书，静下心来品读，"精妙处，忍不住击节叫好；伤感处，止不住泪眼模糊；激愤处，耐不住拍案而起；谐趣处，憋不住哑然失笑"。

傅雷的读书体会

有段时间,年轻的傅雷精神苦闷、迷惘,"不知如何遣此人生"。1927年,他赴法留学,并游历欧洲数国,"均未能平复狂躁之情绪"。一次,他偶然接触到罗曼·罗兰写的《贝多芬》(《名人传》之一),"读罢不禁号啕大哭,如受神光烛照,顿获新生之力,自此奇迹般突然振作"。

一本好书竟然成为一剂良方,傅雷体会颇深。后来,他信念坚定,开始了对《名人传》的翻译。

02 中学生阅读四问题：不阅读、浅阅读、窄阅读、做阅读

> 种种蠢事，在每天阅读好书的影响下仿佛烤在火上一样，渐渐熔化。
> ——歌德

读书对人一生的成长起着至关重要的作用。随着"素质教育"的深入发展，对学生的阅读能力提出了更高的要求。但当前中学生的课外阅读状况令人担忧。北京师范大学附属实验中学语文教师于晓冰在一次沙龙中指出中小学阅读中存在的"少、浅、窄、做"阅读四个问题，深表赞同。

问题一：不阅读。很多学生除了教材之外，很少去主动阅读，出现这种状况的原因是什么？从客观方面来讲，课业负担过重。学生学习的科目增多，难度加大，以及来自升学的压力，让他们很少有时间和精力去阅读。再是电子娱乐产品的介入。尤其是手机、电脑等对学

生产生的诱惑,他们将课余时间花费在此。还有就是尚未形成一个良好的家庭阅读环境。学生的父母不读书,因此孩子也没有阅读的习惯。从主观方面来说,存在认识上的偏差。许多学生认为课外阅读并不重要,他们所购买的图书大多是和自己的课程有关的教参教辅。这样大量的教辅用书就占据了学生的课外时间,教辅书籍也成了他们的课外书籍。

问题二:浅阅读。不需要思考而采取跳跃式的阅读方法,所谓囫囵吞枣、一目十行、不求甚解,它所追求的是短暂的视觉快感和心理的怡悦。一些学生虽读书,但是所读甚浅,多沉迷于动漫或流行小说之中,甚至是到了没有图片不能读书的程度。有人说我们现在的社会进入了"读图时代",但这种浅阅读无助于思维品质的提升。第一,浅阅读不利于个人的知识体系、价值观的建立,为了读而读,已经从"我思故我在"变成"我知故我在"。第二,长时间的浅阅读使得我们的深阅读思维能力减弱甚至丧失,阅读的深度被信息时代阅读的速率所打败,在读传统经典小说或者专业书籍时,理解能力不足,注意力不能长时间集中。古人说的"书读百遍,其义自见"将不复存在。第三,诸如《诗经》《楚辞》这样需要精读的经典书籍,就不能读出书中的精髓，不利于传统文化的传承和发扬。

问题三：窄阅读。窄阅读指的是狭窄题材的阅读或单个作家作品、单个领域的阅读。阅读的内容不为浅，但偏爱某一类读物，武侠迷读武侠小说，科幻迷阅读科幻小说等。这种阅读的弊端在于视野狭窄，只对他所阅读的那一个方面有比较深入的了解，其他方面则不了解。窄阅读会造成这样一种结果，偏爱一种食物，而不摄入其他营养。这样一定会营养不良，读书也是如此。如果你只是读一种书，而不是广泛地阅读，那你在阅读这件事上，也一定会营养不良，"窄阅读"就是在阅读中偏食，也会导致阅读能力低下。

问题四：做阅读。在学习中，尤其是临近中考或者高考的时候，学生们要做大量的适应考试的阅读题，很多学生在阅读题上经常丢分，怎么办？首先想到的就是多做阅读题，不停地刷题。这样大量阅读的结果就是如果文章后面不附带问题的话就不会阅读，不知道我读完了之后能干什么，就缺乏主动提出问题的探索能力。阅读可以分为两种类型：测试性阅读和鉴赏性阅读。测试性阅读相对来说答案比较单一，指向比较明确，要言之有据，必须根据文本内容回答相应的问题。另外一种阅读是鉴赏性阅读，鉴赏性阅读答案是多样化的，是多层次、多角度的。就像中国俗语所说的"仁者见仁，智者见智"，阅读的时候可以从不同的角度、不同的深度去解读，只要能够言之成理地说出相应的道理即可。我们只有通过大量、高质量的阅读，才能提高阅读能力。

　　针对存在的问题，提出以下建议：第一，中考高考和阅读并不冲突。许多家长限制孩子课外阅读时间，主要原因是害怕影响学习，实际课外阅读与课内学习并不冲突，适当阅读会促进学习，提高中高考水平。因此，我们要转变观念，增强课外阅读。第二，培养阅读兴趣。让孩子体味到读书是一件快乐的事情，从而终身享受读书带来的乐趣，这或许是社会、学校、家庭共同给予他们最好的礼物。教师家长以身作则，感染学生，让孩子们对阅读产生兴趣，多读，多体会，多思考，逐渐培养终身受益的阅读习惯。第三，广泛阅读，由浅入深。要切实提高中学生的阅读能力，单凭窄阅读无法做到，因此要开拓中学生的知识面，我们必须发挥以教师为主、以家长为辅的课外阅读导向作用，对中学生的课外读物进行筛选和推荐引导，力争让中学生在课外读物中获取健康的精神食粮。只有学校、家庭和社会形成合力，才能正确引导中学生课外阅读的正确方向。

MINGREN 名 | 人 | 书 | 房 SHUFANG

卖书的梭罗

20岁那年,梭罗从哈佛大学毕业,得到一份在家乡教书的工作。不过,这份工作对梭罗并没有多大吸引力,他只在那里做了两年的代课老师,便毅然离开学校,全身心地投入写作当中。经过两年多的创作,梭罗顺利地完成了第一本散文集《在康科德和梅里马克河上的一周》。

不过,由于梭罗的知名度不高,虽然他跑了不下二十家出版社,可还是没有一家出版社看中他的这部作品。心有不甘的梭罗最后向亲戚朋友借钱,自费出版了这部作品。当时,《在康科德和梅里马克河上的一周》总计印刷900册。从将所有书搬运回家后,梭罗便带着自己的书去大街上叫卖。遗憾的是,一个多月的时间,竟没有卖出去一本。

走投无路之际,他只能靠长期打零工还债。当时,许多人在背后嘲笑梭罗,说他"根本没有当作家的天赋"。

不过,梭罗似乎并没有被困难吓倒,在打工期间,他又开始创作自己的第二部作品《瓦尔登湖》。凭借这本书,他一举跻身知名作家的行列。

梭罗曾在一篇文章中回忆说,在遭遇一本书也卖不出去的尴尬和不幸后,虽然他也有过失望,但更多的则是卷土重来的勇气和信心。而自己的那次经历,并不是每位作家都能体会的。对他来说,这是一笔宝贵的财富。

03 碎片化阅读,并不是深度思考的"毒药"

> 了解一页书,胜于匆促地阅读一卷书。
>
> ——麦考利

什么是碎片化阅读?就是指通过手机短信、电子书、网络等电子终端接收器进行的不完整的、断断续续的阅读模式。毫无疑问,我们现在已经进入了碎片化阅读的时代。每天从手机、网络等电子终端接收器上,我们能接触到海量信息,似乎一切信息、知识唾手可得,阅读显得如此轻松、容易。

碎片化阅读最大的危害是容易让人把"知道"当成"懂得"。阅读的本质是获取信息,尽量追求系统、全面,所以阅读尽量精读,因为精读能最大化地提取信息、收获知识。

可毕竟需要筛选且内容优劣不一，因此有的书简单涉猎即可，浅读也不失为一种明智的阅读方式。人最怕的就是习惯，读得太零散，就不习惯集中精力阅读了。碎片式阅读是过于"浅"了，我们打开一个网页看个标题就关闭了，自我感觉已经知晓全部内容；知道某本书的名字，大致看个序言就觉得自己读过了，便开始与人交谈……一个真正关注某一领域的人，往往要有各方面的知识储备做参考，这样才可能谈一点儿有用的个人见解。输入与产出是成正比的。输入越精细，产出就越优良。碎片化阅读相当于junk food（垃圾食品），零碎时间打牙祭可以，但长期依赖当成主食，身体肯定受不了。

曾在网上看到过这样一个帖子说："有一位漂亮姑娘，也犯了类似的错误。这位姑娘的导师因缘际会，得到了一本前辈大拿撰写的牛气论文，这姑娘听说后，一时鬼迷心窍，把那论文偷了，换了个地方刻苦研读。她本以为有了论文在手，自己就能出人头地，怎奈何她好死不死只偷了论文的下半部，却没拿到上半部的纲领性摘要和基础理论性内容，加之个人理论修养实在太差，拿到了下半部也不知怎样开题，只能胡乱撰写，最终弄得自己狼狈不堪，下场极为凄惨。这个姑娘，大家都认识，她叫梅若华，她师父给她起了个响亮的名字叫梅超风。"学习不打基础，只想走捷径，你不走火入魔，谁走火入魔？学习，重在积累，重在构建，重在形成体系，仅仅依靠碎片化阅读是远远不够的。

"碎片化阅读",通常被认为是现代阅读与深度思考的"毒药",因为阅读模式的不完整,它被认为是缺少思考的浅阅读。然而,"碎片化阅读"就真的毫无优点吗?

事实或许并非如此。无论是天文地理还是娱乐八卦,无论是耳熟能详的经典名作还是冷门生僻的知识,都可以通过碎片化阅读迅速获取。同时,比起价格不菲的大部分的纸质书,它的阅读成本更低。喜欢阅读的人,多少都会有一本钟爱的杂志,一本好的杂志通常融思想知识情感于一体,我们利用闲暇的时间品读欣赏。不知道你是否中意那本绿皮儿的杂志《意林》?"意"就是意境、意韵、意义、意味,意有所得,"林"即智慧之林,即通过很多故事营造生命意境、展现哲思意韵、阐述人生意义、透析生活意味。阅读起来轻松愉快,读后引人深思,颇具启示意义。对于高中生而言,几乎每天都在题海中挣扎。无论是从时间还是精力上讲,让他们进行深度阅读都不太现实,而"碎片化阅读"正好弥补了中学生阅读的空缺。投入时间少,却收益高。在积累知识的同时,也为中高考做准备,不管是阅读理解还是作文,潜移默化中早已化为己用。这也说明碎片化阅读有利于丰富中学生的阅读选择，有利于培养其开阔的视野。同时，它还促进中学生文学鉴赏能力的形成。

正如评论家解玺璋所言："碎片化阅读不是仅仅在有了电脑、手机后才出现的。一个放松的人，兴致来了，偶尔读一两首诗，也是碎片化阅读。相对于阅读方式，阅读的内容更重要，要根据阅读的目的分析阅读方式。"由此看来，面对碎片化时间，碎片化阅读是最好的搭配。综上所述，我们要辩证地看待碎片化阅读，虽为浅阅读，但我们不得不承认其合理性和实用性。

MINGREN 名 | 人 | 书 | 房 SHUFANG

鲁迅嚼辣椒驱寒

鲁迅先生从小认真学习。少年时，在江南水师学堂读书，第一学期成绩优异，学校奖一枚金质奖章。他立即拿到南京鼓楼街头卖掉，然后买了几本书，又买了一串红辣椒。每当晚上寒冷时，夜读难耐，他便摘下一枚辣椒，放在嘴里嚼着，直辣得额头冒汗。他就用这种办法驱寒坚持读书。因为刻苦读书，鲁迅后来终于成为我国著名的文学家。

04 名著阅读的误区和策略

> 读一本好书，就是和许多高尚的人谈话。
>
> ——歌德

高尔基曾说，"书籍是人类进步的阶梯"。而作为瀚如烟海的书籍的统帅和精华——名著，对于我们每个人，都是一生必不可少的必修课。它是人类聪明才智的体现，是人类优秀文化思想的结晶。走进文学名著，就是走进人类文化的家园，让您感受不同文化的魅力；走进文学名著，就是走进世界，那里有至善至真的心灵，有孤寂的灯火、沧桑的人生，有诗人的低唱、仁者的求索……阅读经典名著对提高学生的语文素养有着重要的作用。但当下中学生阅读名著存在以下问题：

误区一：前劲十足，后劲欠缺

知之者不如好之者，好之者不如乐之者。有了兴趣才能产生强烈的求知欲，阅读的主动性和积极性才能被发挥出来。比如很多教师从《红楼梦》中节选一个精彩的片段来进行精讲，让学生通过人物的语言来分析人物的性格特点等初步感受名著的魅力，并以此激发学生的阅读兴趣。这样的前劲是十足的，好多学生利用假期的时间也准备研读名著，但是没坚持几天就偃旗息鼓了，阅读名著这件事情也就不了了之。

应对策略：真读——兴趣相伴，有始有终。

我的导师曾经在课上讲："什么是名著？就是一说书名大家都知道，而谁也不去读的书就叫名著。"听完这个定义之后，大家会心一笑。名著阅读似乎很枯燥，没有趣味亦不通俗易懂。如何在阅读中让兴趣相伴到底？第一，给自己一个阅读欲望。或者是来自名著本身，或者是阅读之后的奖励。把要达到的总目标细化，分解成多个小目标，并将其分散到每一次的阅读中，每完成一次就给自己一个小小的奖励。第二，身临其境。就是让自己"穿越"为名著里的人，进入名著所描述的时代环境背景，真正融入主人公的生命里，与主人公同呼吸，共命运。记下每次的读书心得，这样厚厚的一本名著，在兴趣的引导下，不知不觉就被读薄了。

误区二：舍本逐末，媒体不当

一些学生难以阅读到经典名著，既有客观条件的制约，也有主观因素的影响。因此学生会阅读或是收听、收看原著的替代品，如连环画、影视作品、广播故事、民间传说等。毫无疑问，为了吸引读者或听众以及追求更大的商业利润，这些作品往往会被再创作或是改编，这使得原著失去了原有的面貌，显然长期接触这种信息会误导学生曲解原著。

应对策略：悦读——紧扣文本，巧用媒体。

据了解，很多学生并不是不喜欢读名著，而是大多数名著作品人物众多，读着读着就将人物混淆了，事件也搞乱了，稀里糊涂也就失去了耐心，导致阅读半途而废。针对这一现象，我们可以通过观看改编的电视剧、电影激发学生的阅读兴趣。兴趣有了，学生阅读名著便容易了许多。再走入文本，比较二者的差异，以此加深学生对文字的理解，在画面与文字的结合中，让阅读轻松、愉快而又深入。

误区三：帮扶过度，先入为主

名著阅读对中学生来说，本身就是有难度的，学生在阅读过程中遇到困难是可想而知的。因此，有些教师在学生阅读之前，就"大包大揽"试图帮助学生扫清阅读的障碍，告知学生主要的人物、基本情节以及人物评价等。学生此时并未对作品形成认识，教师的帮扶先入为主，这必然会引起学生的阅读惰性。

应对策略：自读——理性放手，感受评价。

新课程标准特别强调，"阅读是学生个性化的行为"。这首先就是要求还学生一个自由的阅读空间，允许学生自己去选择、去感受。名著是一个广阔的天地，足够学生自由驰骋。在阅读过程中不必担心他们"读不懂""读不透"，给他们更多的自由，让他们独立地与文本展开对话，去感受、去理解、去表达。通过自己的思想去审视，去探究，凭借自己的智慧，走入作者的心灵。

我们的昨天太短，我们的明天太远。那就让我们从今天开始，在袅袅的时光里，无须矫揉造作，抛开功利杂念，用心去感受，去回味，让心灵在经典的慰藉中憩息。

名 | 人 | 书 | 房

王亚南苦读成才

我国著名经济学家、教育家王亚南先生小时候胸怀大志，酷爱读书。他在读中学时，为了争取更多的时间读书，特意把自己睡的木板床的一条腿锯短半尺，成为三脚床。每天读到深夜，疲劳时上床去睡一觉后迷糊中一翻身，床向短脚方向倾斜过去，他一下子被惊醒过来，便立刻下床，伏案夜读。天天如此，从未间断。结果他年年都取得优异的成绩，被誉为班内的三杰之一。因为少年时勤奋刻苦读书，后来，王亚南终于成为我国杰出的经济学家。

"精读"和"多读",我该如何选择

> 书读得越多而不思索,你会觉得你知道的很多;但当你读书而思考的越多,你会清楚地看到你知道的很少。
>
> ——伏尔泰

在"读书"活动中,我们常常会思考这样一个问题:我们是追求"精读"——质,还是追求"多读"——量?"精读"与"多读"是什么关系?两者孰重孰轻,或者是两者并重?两者分别应该注意什么?

所谓精读,就是深入细致地研读,对重要的文章和书籍,要认真读反复读。表现在阅读过程中,要做到勤查、勤问和勤记。目的在于融会贯通,举一反三,触类旁通,做到为我所有,为我所用。

所谓多读,就是博览群书,广泛涉猎,目的在于见多识广,尽可能地扩大阅读者的知识面。要跟上时代发展的步伐,就必须不断读书，不断充实自己。

读书也是一个从量变到质变的过程，杜甫说："读书破万卷，下笔如有神。"一个作家没有对历史文化的了解，无法写出意味深刻的作品；一个物理学家没有过硬的数学功底，就很难进行深入研究；一个人若没有广泛的阅读，很难有一定的学术基础以及文化底蕴。多读有助于汲取新知，活跃思想，防止眼光闭塞。鲁迅说："必须如蜜蜂一样，采过许多花，这才能酿出蜜来，倘叮在一处，所得就非常有限，枯燥了。"尤其在今天，知识越来越发达，越来越庞杂，不掌握大量的知识，我们很难生存下去。因此读书要先"博"，在"博"的基础上再求"精"。多读是精读不可或缺的基础。

中学生应该多读什么书？这涉及一个读书选择的问题，我们必须学会这样一种本领，选择最有价值、最适合自己所需要的读物。坏书猛于虎！千万不要读坏书！中学生课业繁重，时间有限，多读一本没有价值的书，就等于失去了读一本有价值的书的阅读时间。那什么是适合我们阅读的书籍？大纲要求的中学生课外阅读推荐书目当然非常适合中学生来阅读。还有，爱国的图书是有价值的。一个人能否对社会做出较大的贡献，不仅取决于知识、能力，而且取决于爱国热情。知国才能爱国。应知我中华之荣与辱、成与败、得与失、进与退。中宣部等五部委联合推荐的百部爱国主义图书，就是知我中华的好书。文学名著值得一读，它们是思想和艺术兼美的经典，是一个国家和民族的骄傲。没有名著的民族是可悲的，拥有名著却远离名著的民族更可悲。科普图书不容忽视。当今世界，科技发展日新月异，知识经济已现端倪，中学生了解信息技术、生物技术、新材料技术等现代科技知识才能成为高素质、创新型的接班人。

朱熹说："读书譬如饮食，从容咀嚼，其味必长；大嚼大咽，终不知味也。"这指引我们去精读一本书。精读可以激发你内心的东西，让你看到更独特的风景。抓住精髓，去皮见肉，去肉见骨。如何精读？第一步，从头到尾浏览一遍，对全书有一个概括的了解；包括封面信息、内容概要、目录、序文和跋文。每本书都有其主题和要点。即是要抓住要点，澄清构造，以形成一个归纳性的了解。第二步，逐章逐节反复阅读，边读、边想、边记下问题；掌握全章的归纳性内容以后，就要将全章分成若干节，对各节逐一详读。逐节详读是精读的要害一步。先提问自己。对一节内容提出一些有针对性的疑问，以引导进一步的阅读。再细读思考。不贪多求快，仔细认真地读，一个字，一句话，甚至一个标点都不要轻易放过，必定要把其间的精确意义琢磨明白。第三步,抓住重点,深入钻研,认真理解;这是读书的核心内容,突显笔记在这个过程中的重要性,把握作者的思想。第四步,复述反思。回顾书中的内容进一步了解、消化。这本书到底谈了什么?细说了什么?怎么说的?有道理吗?全部有道理还是部分有道理?这本书在实践中能带给你什么等。

对于不同的书,可采取不同的阅读方法。著名作家秦牧谈到读书时,主张采取牛和鲸的吃法,即"牛嚼"与"鲸吞"。何为"牛嚼"?他说:"老牛白日吃草之后,到深夜十一二点,还动着嘴巴,把白天吞咽下去的东西再次'反刍',嚼烂嚼细。我们对需要精读的东西,也应该这样反复多次,嚼得极细再吞下。有的书,刚开始先大体吞下去,然后分段细细研读体味。这样,再难消化的东西也容易消化了。""鲸吞"呢?他说,鲸类中的庞然大物——须鲸,游动时俨然一座漂浮的小岛。但它却是以海里的小鱼小虾为主食的。这些小玩意儿怎么填满它的巨胃呢?原来,须鲸游起来一直张着大口,小鱼小虾随着海水流入它的口中,它把嘴巴一合,海水就从齿缝中哗哗漏掉,而大量的小鱼小虾被筛留下来。如此一大口一大口地吃,整吨整吨的小鱼小虾就进入鲸的胃袋了。"牛嚼"与"鲸吞",二者不可偏废。既要"鲸吞",要大量广泛地阅读各种书籍,又要对其中少量经典著作反复钻研,细细品味。如此这般,精读和泛读就能有机地结合起来了。

多读与精读,实际上在一个人的阅读历程中是不可分离的。所以,想要学有成效,博览固不可少,精读也绝不可以无。只有将二者结合起来,才能相得益彰。

MINGREN 名 | 人 | 书 | 房 SHUFANG

高尔基冒死救书

世界文豪高尔基对书感情独深,爱书如命。有一次,他的房间失火了,他首先抱起的是书籍,其他的任何东西他都不考虑。为了抢救书籍,他险些被烧死。他说:"书籍一面启示着我的智慧和心灵,一面帮助我在一片烂泥塘里站起来,如果不是书籍的话,我就沉没在这片泥塘里,我就要被愚蠢和下流淹死。"

06 不要忽视"阅读"和"笔记"

凡奇僻之字,雅故之训,不手抄则不能记。

——曾国藩

为什么要记读书笔记呢?

读书不是随随便便的,而应该是带有目的性,主动地去读。要真正内化书中的信息,使之成为自己的东西。笔记在这个过程中有着不可替代的作用,俗话说:"好记性不如烂笔头。"第一,它可以帮助记忆。知识越丰富越好。第二,记笔记也是积累知识的一种好方式。古人说:不动笔墨不读书。就是说,阅读时必须记笔记,才能积累知识。北宋沈括的《梦溪笔谈》就是一部读书笔记式的作品。第三,记读书笔记能帮助提高阅读能力、分析能力、综合归纳能力以及文字表达能力,是一种手脑并用、阅读和写作结合的综合训练。

读书笔记一般有批注、摘录、提纲、心得四种。写读书笔记时,应根据写笔记的目的、书的类型及自己的习惯,确定写什么样的读书笔记。

一、批注笔记

是边读边把自己的看法、疑问等或在书上画出表示重点、次重点、疑问等的符号,或在书的天头、地脚做些评语和注释。这种读书笔记简单易行,即使是自己的书,下批注时也应先多想想:自己的想法对不对,如何表述才简明,然后再写。因书上的空白处有限,想到就写,写了又感到不合适,那就把书画得乱七八糟了。列宁酷爱读书,他读书时很喜欢在书页的空白处随手写下内容丰富的评论、注释和心得体会。有时还在书的封面上标出最值得注意的观点或材料。一旦读到具有较高学术价值的著作,他还在书的扉页上或封面上写下书目索引,特别注明书中的好见解、好素材及具有代表性的错误论断所在的页码。每当读到精辟处,他就批上"非常重要""机智灵活""妙不可言"等;读到谬误处,就批上"废话""莫名其妙"等。列宁的重要著作《哲学笔记》就是在读哲学书籍时写的批注和笔记汇编而成的。

二、摘录笔记

就是将书中的精彩观点、新颖材料及名言警句等摘抄下来,以备将来选用。这种读书笔记是大量的。做摘抄笔记时,最好让每段摘录自成一段。后面还应写上摘自什么书,多少页,该书的作者是谁,出版者是谁,哪一年出版的,都应写在摘抄的后面,以备将来查验、核对。两段摘录之间留下较大空白,这样做一是使摘录的眉目清楚,二是留下空白便于将来翻阅、运用时可以做批记。宋代诗人梅尧臣,外出时总少不了带上一个小布袋,每当读到佳句妙语,就把它们写在纸片上,然后投入小布袋中。做学问时,便从小布袋中取出所记的纸条,或予以引用,或启发思维,终成为一位出色的诗人。

三、提纲笔记

就是将读过的书的中心思想、段落大意、内容要点及写作方法等,以提纲挈领的方式写出来。提纲读书笔记可以采用原文的语句和自己的语言相结合的方式来写。唐代大学问家韩愈在谈到读书问题时,曾说过一句名言:"记事者必提其要,纂言者必钩其玄。"后人将他的话概括为"提要钩玄"读书法。因为"提其要",能使自己对书中事件的发生发展过程一目了然,对事件发生发展的原因清清楚楚,从而可以进一步了解事件之间的相互联系,透过现象,看到本质。"钩其玄",便于把握重点,吃透精神实质,对某些重要观点进行深入的研究,从而开阔视野,活跃思维,增长知识,提高水平,将书中的营养,化为自己的血肉。有的同学往往有这样的感觉:读过一本书后觉得模模糊糊一大片,说不清道不白的,收效当然也就微乎其微了。这就是读书时没有"提要钩玄"的缘故。如能一边读书,一边注意提出其"要"、钩出其"玄",那么你就基本掌握了这本书的主要内容。

四、心得笔记

即读后感。是读书或读文章后写出的自己的认识、感想、体会和启发。常用方法有:札记,是摘记要点与心得结合的产物;心得,也叫读后感。将读书体会、感想、收获写出来;综合观点、见解,提出自己看法并记录下来,也是很好的读书方法。

众所周知,被誉为当代"文化昆仑"的钱锺书先生,其知识之渊博、古文功底之深厚、著述中引用之广博,令人叹为观止。常人所不知的是,钱锺书的博学,不仅与他的天才有关,更与他的勤奋有关。据钱锺书夫人杨绛回忆,钱锺书做笔记的习惯是在牛津大学图书馆读书时养成的，历时十余年。钱锺书的全部外文笔记本共一百七十八册，还有打字稿若干页，全部外文笔记共三万四千多页。中文笔记和外文笔记的数量，大致不相上下。第三类是"日札"——锺书的读书心得，日札共二十三册、两千多页，分八百零二则。（如果按每页300字计算，钱锺书读书笔记的总字数达2100万；如果按每页400字计算，总字数将达2800万以上，可谓创造人类做笔记字数的纪录了。）钱锺书大量的读书笔记，他远超同辈学人的知识，令其成为几代中国文学研究者的楷模。

　　由此观之，阅读和笔记有着不可分割的关系。知识唯有自己加工，才能成为自己的。别人精练后再输出的东西只能给你提供一个参考，并不是读完了就真的成了你的，唯有自己思考并批判吸收才能成为自己的体系。让所积累的笔记成为一种风尚，成为一种财富。

MINGREN 名 | 人 | 书 | 房 SHUFANG

"书迷"车尔尼雪夫斯基

车尔尼雪夫斯基是俄国杰出的革命民主主义者,伟大的无产阶级革命作家,一生为真理而奔走呼号的战斗者。

他的父亲是一个平民出身的牧师,很有学问,家里有一个藏书丰富的图书室,车尔尼雪夫斯基一有空就到这里来。

7岁的车尔尼雪夫斯基,读书就简直入了迷,他经常一面吃饭,一面看书。有一天早晨,妈妈看到孩子好长时间没从厨房里出来,心想这孩子到底吃了些什么,于是,他母亲悄悄地走到厨房门前,只看到小车尔尼雪夫斯基正在那里为一篇小说中的人物而哭泣流泪。妈妈喊来了他的父亲,又拿了很多他平时喜欢读的书哄他,他才擦擦眼泪继续吃饭。

16岁时,车尔尼雪夫斯基已经通晓7种外国语,大量阅读了俄国民主主义者别林斯基和赫尔岑的文章。第二年,他中学毕业后,又考入彼得堡大学文史系。

在大学读书的几年中,车尔尼雪夫斯基更加勤奋,读书常常是通宵达旦,被老师和同学戏谑地称为"伏尔加河边的读书迷",这也就是他最终能成为著名文学家的根本原因。

07 阅读和背诵息息相关

> 从来没有人为了读书而读书,只有在书中读自己,在书中发现自己,或检查自己。
>
> ——罗曼·罗兰

背诵是学习语言文字的好方法,它使语言文字清通畅达、灵巧铿锵。古人云:"熟读唐诗三百首,不会作诗也会吟。"老舍先生说过:"只有'入口成章',才能'开口成章'。"这位语言大师一语道破了背书对写作的重要作用。我国古今许多文人、学者学习语文都经历了熟读、熟记乃至苦读苦记的历程,记忆力也得到了惊人的发展。

唐代韩愈自幼读书为文,日记数千百言,他自叙"先生口不绝吟于六艺之文,手不停披于百家之编"。如此"兀兀以穷年"。白居易达到了苦读苦记的程度,"二十已来,昼课赋、夜读书，间又课诗，不遑寝息矣。以至于口舌成疮，手肘成胝……"汉代扬雄："能读千赋，则能为之。"杜甫说："读书破万卷，下笔如有神。"元代程端礼提出："每大段（文章）内必分作细段，每细段必看读百遍，背读百遍，又通背读二三十遍。"颜真卿在《颜氏家训》中自叙："吾七岁时，诵《灵光殿赋》，至今日，十年一理，犹不遗忘。"

现代的许多名人也都在青少年时期通过大量的背诵，打下雄厚的文字根基。鲁迅先生幼年读书时，背诵非常出色，能背诵《纲鉴》，后来他经常是整本书地背诵，无怪乎他写起文章来纵横驰骋，挥洒自如了。茅盾背诵《红楼梦》，开明书店的主人章锡琛有一次曾对钱君匋和郑振铎说："茅盾能背出一百二十回《红楼梦》来。"郑振铎不信。章锡琛说："如不信，可以赌一桌酒，请君匋做证人。如果背出来，这桌酒由你出钱；背不出，由我出钱。是不是赌一下？"郑振铎被章锡琛这样一激，就说定赌一桌酒。一个星期六的晚上，在开明书店大家酒叙，席间有茅公、郑公、章公，还有周予同、夏丏尊、顾均正、徐调孚和钱君匋，以及两位女士。席间章锡琛请茅公背《红楼梦》，并由郑振铎指定一回，茅公果然应命滔滔不绝地背了出来，大家都十分惊讶。可见茅公深厚的古典文学的造诣。还有巴金，他是我国著名的作家，他10岁的时候就可以将《古文观止》里的200多篇文章背诵下来。他在《写作生活的回顾》中写道:"读多了,读熟了,常常可以顺口背出来,也就能慢慢地体会到它们的好处,也就能慢慢地摸到文章的调子。但是当时也只能说是似懂非懂。可是我有200多篇文章储蓄在脑子里面。虽然我任何一篇都没有好好地研究过,但是这么多的具体的东西至少可以使我明白写文章并非神秘不可思议,它也是有条有理、顺着我们的思路连下来的……"几十年过去了,他在晚年的时候说,他之所以后来成为作家,写出了那么多的小说和散文,全靠当年那200多篇背诵的文章垫底。

背诵是学习语文的传统方法,也是学好语文的基本功。中学语文书上规定了不少诗文要求同学们背诵,这是非常有道理的。因为一篇好文章不是读一两遍就能理解的,只有通过反复诵读,细心咀嚼,才能领会其深刻的思想内容、奇巧的结构布局、精妙的语言艺术。因此背诵是使人终身受益的好事,有些同学不重视背诵并且也不乐意背文章这是不对的。当然,背书要挑选文章,不是什么文章都需要去背诵。我们可以精选一些历代流传、思想内容健康、形式语言优美的名篇来感知。中学语文课本上的不少诗文就是最好的背诵材料,我们应当首先背熟。这些精选的诗文对于提高思想、激发热情、陶冶性情、纯洁语言，都有积极作用。此外，还可以挑选一些报刊上或教材以外的短小精悍、脍炙人口的诗文来背，长期坚持，好处不言而喻。如果缺少背诵的阅读为浅阅读，很难达到一定深度的认知，有输入和输出的系统，才是一个健康的系统。先去输入你的知识，经过不断地积累加工，从不同的角度、高度和深度去提升，最终成为你输出的东西。

众多的文学家、史学家的成长也给予了我们深刻的启示，阅读和背诵之间的关系是不可分割的。背诵能锻炼人的记忆能力，夯实语文基础，增加语文积累，从而有效提高个人的写作水平。让阅读和背诵成为习惯，用书香涂抹生命的底色。

MINGREN 名 | 人 | 书 | 房 SHUFANG

曹禺真读书假洗澡

曹禺曾在四川江安国立剧专任教。一年夏天，有一次曹禺的家属准备了澡盆和热水，要他去洗澡。此时曹禺正在看书，爱不释手，一推再推，最后在家属的再三催促下，他才一手拿着毛巾，一手拿着书步入内室。一个钟头过去了，未见人出来，房内不时传出稀落的水响声，又一个钟头过去了，情况依旧。曹禺的家属顿生疑惑，推门一看，原来曹禺坐在澡盆里，一手拿着书看，另一只手拿着毛巾在有意无意地拍水。

08 阅读需要课内、课外"两条腿"走路

> 读书有三到,谓心到、眼到、口到。
>
> ——朱熹

学生的阅读包括课内阅读和课外阅读。课内阅读指的是我们语文教材中的每一篇阅读,其中不乏名家名作,正是学生阅读和习作的典范。要求学生对每一篇课文进行精心品读,欣赏妙词佳句,感受谋篇布局等,这是培养学生阅读能力的主要途径,是语文教学的根本,是培养学生语文能力的基石,在整个语文教学中具有举足轻重的地位。叶圣陶先生在一次语文教学研讨会上指出:"语文教材无非是个例子,凭这个例子要使学生能够举一而反三,练成阅读和作文的熟练技能。"然而课本中课文的数量有限,需要我们通过阅读

课外的内容来扩充自己的知识面，让课内阅读和课外阅读有机结合，学生在课内掌握方法，受益于课外，从而实现课内阅读到课外阅读。

首先，我们要抓好课内阅读这个立足点。语文课堂是阅读能力提高的最主要的渠道。新课标中提到："阅读教学是学生、教师、教科书编者、文本之间对话的过程。"在课内阅读中，我们特别强调"朗读"。它是把文字转化为有声语言的一种创造性活动，是一种出声的阅读方式。就语文的学习而言，朗读是最重要的。朗读是阅读的起点，是理解课文的重要手段。有助于情感的传递和思想的熏陶。朱熹说，凡读书，需要读得字字响亮，不可误一字，不可牵强暗记。而且要"逐句玩味""反复精详""诵之宜舒缓不迫，字字分明"。

在熟读的基础上，我们要多动手动脑。钱梦龙先生说："学习的过程是学生认识的过程，学生是主角，老师是导演，导演代替不了主角的演出，只能带他们去体味当主角的乐趣。"培养学生良好的课内阅读习惯，就是让学生勤于动手动脑。比如我们在预习一篇课文，我们主动去查阅作者的相关资料、文章的写作背景等，先做到心中有数，独到之处圈点勾画，适当记录自己的见解，感受作者的遣词造句，并善于链接相关知识等。这个时候，以我是"命题人"的身份，把这篇课文当作考试阅读，设置一些题目，比如作者写了什么，怎么写的，为什么这么写，表达了什么等，再通过老师课堂上的讲解，真正做到知人论世。

在夯实课内阅读的基础上，拓展课外阅读。曾经看过这样一篇报道，某记者采访一名高考语文状元，问其成功秘诀，高考状元说："高考语文我赢了，但我不会感谢我的语文老师，我要感谢的是《平凡的世界》等中外名著和《读者》《收获》等中外杂志。"读完这段话，我想每个语文老师都会感到心酸。

其实，早在好多年前，我国著名语言学家吕叔湘就在《关于中学语文教学问题》中说："同志们可以回忆自己的学习过程，得之老师课堂上讲的占多少，得之于自己课外阅读的占多少。我回想自己大概是三七开吧，也就是说，百分之七十得之于课外阅读。"课外阅读是语文教学的重要组成部分，《高中语文课程标准》规定"课外自读文学名著（五部以上）及其他读物，总量不少于150万字"；《普通高中语文课程标准（实验）解读》总结了一条语文学习规律性的结论："语文阅读能力的提高只有依靠大量阅读，没有捷径可走。"苏联苏霍姆林斯基的比喻更为生动，他说："课外阅读，用形象的话来说，既是思考的大船借以航行的帆，也是鼓帆前进的风。没有阅读就没有帆，也没有风。阅读就是独立地在知识的海洋中航行。"随着阅读能力的提高，我们在课内阅读中所学到的方法也就派上了用场。精读、速读、选读等，为我所用。至于课外阅读，读什么书？如何读书？读书要注意什么？类似这些问题，我们之前都谈过了。切记读书时要做到心到、眼到、口到，多读多想多问。能够用尽可能少的时间来阅读尽可能多的资料，吸收尽可能多的信息。

课内阅读和课外阅读是阅读的两种形式，它们就像语文阅读的双翼，只有张开双翼，才能扶摇直上九万里。打开课内阅读的门，欣赏课外阅读的天，让课外阅读与课内阅读有效结合，这样我们就能领悟书的魅力，享受书的快乐，快乐阅读。

---MINGREN 名 | 人 | 书 | 房 SHUFANG---

华罗庚的猜读法

著名数学家华罗庚读书的方法与众不同。他拿到一本书，不是翻开从头至尾地读，而是对着书思考一会儿，然后闭目静思。他猜想书的谋篇布局，斟酌完毕再打开书，如果作者的思路与自己猜想的一致，他就不再读了。华罗庚这种猜读法不仅节省了读书时间，而且培养了自己的思维力和想象力，不至于使自己沦为书的奴隶。

09 中学生阅读两重点：考试阅读和鉴赏性阅读

> 读书破万卷，下笔如有神。
>
> ——杜甫

阅读按类型来分，可为两种：考试阅读和鉴赏性阅读。一种是考试阅读，也就是测试性阅读。它伴随我们十多年的成长，再熟悉不过了。测试性阅读相对来说答案比较单一，指向比较明确，要言之有据，必须根据文本内容回答相应的问题。

我们以2017年全国卷Ⅱ的高考题的实用类文本阅读为例来说明。2017年实用类文本阅读改变了以往以人物传记为基础的命题形式，采用了以非连续性文本阅读为基础的新闻阅读这一命题形式。这篇阅读共有三则新闻材料，读后从主体上，我们能够找到三个关键词：民众、垃圾、政府。第九小题问：怎样才能有效推进我国的生活垃圾分类？请结合材料简要概括。分值为4分。找到4个得分点。从材料一所列之表可以看出，虽然知道垃圾应该分类的人很多，但仅了解简单分类的人也不少，由此可知还应强化居民垃圾分类的意识；从材料二中"有人说"的话语可知，政府要负起责任；由材料二结尾"各负其责，各尽其力，形成合力"等语可知要大家都尽力。分析过后，我们进行答案整合。①民众方面。增强民众对垃圾分类的认知与实践意识，提高垃圾分类的实践水平。增强民众投放垃圾的责任意识；②政府方面。积极推进垃圾分类各个环节的配套衔接工作，提高其运行效率；③动员民众积极参与、全民参与，落实政府主体责任，坚持政府主导；④政府还应该做好分类收集与运输的体系建设，同时制定完善的惩罚和奖励的政策措施。这类型的题目，难度不大，要求我们"以文为本"，答案都在原文中，找到敏感词之后，加工提炼，之后表明观点，找到依据，佐证观点。

另外一种阅读是鉴赏性阅读，是指以鉴赏作品艺术形式为主要目的的阅读。它是在了解读物表达的思想内容的基础上，进一步对作品的表现技巧、语言风格等方面进行欣赏和鉴赏。通过阅读，力求达到情感共鸣和理智领悟的认识高度，逐步培养和提高艺术的审美能力。鉴赏性阅读答案是多样化的，是多层次、多角度的。就像中国俗语所说的"仁者见仁，智者见智"，西方文化中的"一千个读者有一千个哈姆雷特"。我们以文本为依托，多角度解读，只要言之成理，酌情给分。

我们以2016年全国卷Ⅱ高考题迈尔尼的《战争》为例，看简答题。"小说写的只是战争中的一个小故事，却用了'战争'这样一个大题目，你认为这样处理合适吗？请结合全文，谈谈你的观点。"本题分值8分。首先回答第一问，你认为这样合适不合适，表明观点2分，再提出你的理由，三个点6分。我们可以从不同的角度着手，小说的三要素、主题、写作手法等。如从人物角度来看，找准价值取向，是否展现出人性中的真善美；环境角度，体现了怎样的时代特征，反映出怎样的民族心理、生存状态；情节角度，是否揭示社会内涵，针砭时弊、寄寓人生哲理等。看答案是否有这样的套路。观点一：合适。①小故事冠以大题目，对比鲜明，强化了艺术张力；②战争是故事发生的契机与悲剧的根源，是小说构思的基础；③小说写的虽是爱情故事，但主题却是对战争的"失望"与反思。观点二：不合适。①小故事冠以大题目，故作高深，不符合写作的一般原则；②小说的艺术感染力源自战争中的爱情，而不是战争；③小说情节设置以小人物的坚强与不幸为主干，战争是引起情节变化的背景。在熟读深思的基础上，展开想象，深入体验，力求领悟。

随着中高考改革，阅读所占分数在试卷里的比例加大，考核方式也发生变化，以前注重记忆型的知识，现在更关注能力，这个能力就是从阅读当中看出来，现在中高考的阅读试题都一定放在特别明确的语境中去解决问题，就是在实际语境中去解决语文问题的一种能力。有人说"得语文者得高分，得阅读者得语文"，的确，阅读能力是可持续发展的学习能力；学会阅读才能生存，才能发展。

考试阅读和鉴赏性阅读两者之间的关系是什么？简单来说，后者是前者的基础，如果有很强的鉴赏性阅读的能力，再加上一些相应的解决问题的技巧，考试当中的测试阅读就轻而易举。但是，如果反过来整天做测试性阅读，根本不关注鉴赏性阅读，那结果一定不好。所以，同学们要妥善处理二者的关系。"操千曲而后晓声，观千剑而后识器"，通过大量、高质量的阅读，加上科学的方法，相信你的阅读能力会有质的提升。

MINGREN 名｜人｜书｜房 SHUFANG

苏步青的三步读书法

著名数学家苏步青主张读书要多读、精读。他读书时，第一遍先读个大概，第二遍加深理解，第三遍专攻疑难困惑。他最喜欢《聊斋》，不知反复读了多少遍。读数学书也是这样的，边读边想，边做习题，到读最后一遍，题目全部做完了。他认为，读书不必太多，要读得精，要读到你知道这本书的优点、缺点和错误了，这样才算读好、读精了。

10 我们为什么要阅读，这是最好的答案

> 读书何所求？将以通事理。
> ——张维屏

在我们学习的每个阶段都会被安排阅读书籍，目的何在？苏霍姆林斯基说："让学生聪明起来的办法不是补课，不是增加作业量，而是阅读，阅读，再阅读。"一句话道出阅读的真谛——提高学生的个体素养。

阅读的益处不言而喻，每个人都有切身体会。在阅读的实践中，我们只有感到阅读有用，有意义，才会越读越起劲，越读越愿意读。读书对每个人都有用，不论知识是否改变命运，它都使人们开阔了眼界，活跃了思维，丰富了精神，提高了修养。林语堂在《读书的艺术》中写道："关于读书的目的，宋代的诗人和苏东坡的朋友黄山

谷所说的话最妙。他说，三日不读，便觉语言无味，面目可憎。他的意思当然是说，读书使人得到一种优雅和风味，这就是读书的整个目的，而只有抱着这种目的的读书才可以叫作艺术。"读《马克思主义哲学》了解辩证与统一的思维，读《三国演义》知晓人事权谋，读《弟子规》《道德经》提高道德品行。"问渠那得清如许，为有源头活水来。"唯读好书才能醍醐灌顶修身养性。

静心阅读，找到自我。哲人有言："人的天性像是野生的花草，读书像是修剪移栽。"静心阅读则是对人性之花的精雕细琢。作为一名中学生，在人生美好的时光里，开启自己的阅读之旅，畅游书的海洋。思想需要经验的积累，灵感需要感受的沉淀，最细致的体验需要宁静透彻的观照。静心阅读可以让你找到自我，你或许会思考：我是一个什么样的人，我要成为一个怎么样的人？读书就是在纸面上锻炼自己的心智，辨别事理的曲直。我们就应从书中找到自己的期望，而不是去捕获作者的感伤。要明白书中的知识就好比一艘渡船载着我们在滔滔不息的人海里悠然自得地航行，而不是让我们费尽心神地去负担那艘船的重荷。

精心阅读，反思自我。当你精读完一本满含正能量的书,你的收获一定不小。希望在你的阅读过程中,每有独到之处,请记录下你这一刻思考的痕迹。读书不是一件与生活独立的事情,相反,密不可分,我们要学会反思。"择其善者而从之,其不善者而改之"。书是前人智慧的结晶,是后人进步的阶梯。因为有了前辈的实践、经验、教训、总结,后辈们才能少走弯路,所以才走得更快更远。

阅读实践,提升自我。读书的要义就是进修自己的品性,以便在人海里鼓帆前行。如果博览了群书而不去实践,那只是在无涯的知识海洋里拥有了古今中外智者的思想之船,这就是说,如果不张开自己的心帆,仍是不能到达心之所向的目的地的。"纸上得来终觉浅,绝知此事要躬行"。读书的目的不是装门面,做样子,附庸风雅,在于应用,在于修身,在于更好地指导实践。毛泽东渊博的知识常常巧妙得体地运用于他的文章、讲话之中,那些生动而深刻的典故、警言、诗词使文章、讲话感染力剧增,效果斐然。毛泽东有个特点,他读了书,受到启发,认准了理,就会去干。他1920年参加革命,是因为反复读了《共产党宣言》,对马克思主义产生了信仰。在井冈山时期,他把《孙子兵法》和《三国志》《三国演义》读懂了,在用于反围剿等斗争中取得了胜利。他读好书,而且善于用书,成功地指导了实践活动。这样的例子有很多,就不再啰唆了。

腹有诗书气自华，这话很有道理。读书对一个人的影响是潜移默化的，素质和气质皆来自于此。你读过的书，经历过的事，等时间长了，那些细枝末节你都忘了，剩下来的，就成了你的素质。摒弃功利化的阅读，为了读书而读书，才是真正的读书。

我国著名的文化学者、教授、博士生导师余秋雨先生说："阅读最大的理由是想摆脱平庸，早一天就多一份人生的精彩；迟一天就多一天平庸的困扰。"书中有的是我们成长中所需要的养分。读书会让我们成为一个谈吐优雅的人，一个内心充满智慧的人，一个拥有健康心理的人，一个具备健全人格、正直善良、有理有节的人，成为一个幸福的人。我们中学生是祖国的未来，肩负着中华民族复兴的使命。我们的祖先为我们浇灌出灿烂的文明之花，中学生有理由，而且有义务去继承、发扬光大前人的思想；中学生应像蜜蜂一样在这座百花园中不辞辛劳地采撷着灿烂文明之花。为我们的子孙酿造出更多、更甜的花蜜。抗金英雄岳飞说："莫等闲，白了少年头，空悲切。"切记！切记！

MINGREN 名 | 人 | 书 | 房 SHUFANG

侯宝林抄书

相声语言大师侯宝林只上过三年小学，由于他勤奋好学，他的艺术水平达到了炉火纯青的程度，成为有名的语言专家。有一次，他为了买到自己想买的一部明代笑话书《谑浪》，跑遍了北京城所有的旧书摊也未能如愿。后来，他得知北京图书馆有这部书，就决定把书抄回来。适值冬日，他顶着狂风，冒着大雪，一连十八天跑到图书馆里去抄书，一部十多万字的书，终于被他抄录到手。

Chapter 02

学会选书，是一种无形的财富

自己选的书，才会喜欢读。但是，问题来了，怎样选书，选什么样的书呢？在这一章里，你会找到想要的答案。培养自己选书的能力，依靠有效的书单，都会让你的阅读有个良好的开端。

——本章指导教师：何翠

11 学会选书对中学生来说有多重要

好的书籍是最贵重的珍宝。

——别林斯基

莎士比亚说:"生活里没有书籍,就好像没有阳光,智慧里没有书籍,就好像鸟儿没有翅膀。"现在市场上图书同质化竞争现象十分严重,同一作者的同一图书在书市上总会出现许多不同版本,让人面临选择困难,给读者造成"选择困难症"。据报道,一位读者跟风购买了上榜图书后发现,很多书粗制滥造、名不副实,不仅扫了读书的雅兴,也砸了"好书榜"的牌子。

课外阅读,是青少年增长知识、开阔视野的重要途径。对学习任务繁重、同时逐渐形成独特个性的高中生而言,该读哪些好书、怎样去读书？

一、搞不定书单？老师有推荐

当前的图书市场，种类繁多，内容庞杂，许多作品还没有经过历史的沉淀。中学生如何选书，尤其重要，因为青少年时期是阅读的黄金时期，可以说，这时候读什么品质的书，对青少年的人生观、世界观、价值观的形成有着深远的影响。选择适合自己成长，有利于自我发展的书，不仅有利于文学基础能力的培养，还能完善自我，有个更快乐的成长阶段。同时，青少年成长过程中，父母、老师总是不厌其烦地向他们传授人生经验。与其一遍遍说教，不如让孩子阅读，在书中感悟道理。

国家心理咨询师、上海大学经济学院副教授陆瑜芳说，学生在暑假更乐意看一些与教材、学习内容距离较远的书，逃离课堂教学，这也是鬼怪、探索类的书籍热销的原因。不过这些书籍看多了会对正在形成三观的孩子们产生自我暗示，扭曲他们的世界观，所以在看的时候还要适量并且有正面引导。

陆瑜芳认为，书单应该在制订了主题后，由学生自己去找相关书籍。但是，如今市场上专门为中小学生撰写的书籍并不多。大人把自己的价值观强塞和灌输给学生，殊不知00后更有个性和想法，他们身上存在着个性要求和不得不服从传统的矛盾,因此书单制订要在其中寻求一种平衡,适当加一些科幻、探索类的书籍。

新华网报道:每到暑假,中小学生都会从学校拿回一份课外阅读书单,阅读这些书目并撰写读后感成为孩子们暑期文化生活的一项重要内容。比起畅销的网络文学和受大部分学生喜爱的侦探小说,这些包含中外名著的书目在孩子们心中的排行榜是怎样的呢?又有多少是投孩子们所好?杭州学军中学高一学生徐同学的书单包括学校从杭州市第九届中小学生"品味书香、诵读经典"征文活动推荐书目中精选出来的10本书。徐同学说:"我们只要挑两本来看就行,我挑了《邓小平时代》,还挺喜欢的,它普及了从中华人民共和国成立以来到现在的历史知识,以前没全面了解过,趁着暑假也算是弥补了一片空白。"

一位中学生感慨:"今年暑假,学校一共推荐了《追风筝的人》《天蓝色的彼岸》等6本书,3本必读书是《骆驼祥子》《朝花夕拾》《钢铁是怎样炼成的》,由于不感兴趣,读完之后没有任何感悟,真不知道书评该怎么写。"

二、不会选书行不行

学会选书，可以实现读书的最大意义，可以收获自由，获得娱乐感。一次对全国城市儿童调查的结果显示，孩子接触书籍、电视、网络等媒介是为了满足娱乐需要，而不是为了接着"上课"。因此，中学生选择书籍首先在自我意识上要明确，学会选择能给自我带来幸福感的书籍很重要。幸福感来自于自我内心的需求，以及外在的肯定与良好评价。

学会选书，选择合适的书，就是选择一种快乐的丰富成长方式。中学生选书就好比选择幼时的玩具，中学生成长同样需要"玩物"的陪伴，选择到自己喜欢的书籍就是中学生在成长过程中新的陪伴。

南京市第十三中学特级教师曹勇军在《中国教师》杂志上发表文章指出：

"中学生应该读什么书？应该读经典读名著。可是这样的回答解决不了问题。不妨换一个角度，看一看读书对于学生成长承担着怎样的任务：首先是读完一本书，理解了书册的内容，由此获得读这本书乃至读这类书的经验和策略，通过一本一本书的阅读提高理解力、审美力、判断力和读写力，最后构建丰富的自我和人生。所以，中学生应该读的是能够开阔其视野、启蒙其人生、提升其读写的经典和名著。讲到经典和名著，多数人认为指的就是大作家的作品。我对经典有自己的理解。因此凡符合正确的价值观，有利于学生的健康成长，有利于未来公民的培养，为学生喜闻乐见，可以引发他们思考共鸣，进而影响其思维和生活的作品，都具有经典或名著的品质。"

三、制订书单也要"看菜下碟"吗

阅读是个性化的行为，选择什么来读固然要接受他人的经验之谈，但也要尊重阅读者自己选书的权利和意见。特别注意的是：我们建构的快乐阅读课要求选择整本书阅读，不像传统意义的阅读课选择的是篇章阅读。那么选书就是更有仪式感的事情，一本书的整体阅读，不是零星式的、片段式的阅读，它更需要能带给你持久性需要的观后感受，因此选书的意义更为重要。

老师觉得，推荐书单有两种好的方式：一种是从不拉书单，把相关推荐自然地融进课堂融进生活；另一种便是持续不断地推荐书单，不必本本经典，确认是好书、题材多元化便足矣。从前，我只去做前者，现在我决定实施后者。实施后者最重要的是持续，否则，所谓好书，也仿佛一洼死水。所以，目前预想，每月做一次推荐，作为孩子们挑选课外书的参考。

对于我推荐的书目,有"四不原则":不限经典名著,不超中高考范围,不必全部阅读,不分排名先后。必须承认,读书要多读经典名著,但局限于此一定也是种病,就像对所谓权威的迷恋追随。最最重要的是,要读书,多读书,读好书。读书不应算一种爱好,更应是现代文明人必不可少的生活内容。面对家长,我尤其要强调,任何一本书都不能帮助孩子们快速提高语文成绩,但只要孩子们坚持读好书,不仅在语文能力上会大大受益,对其综合智能的提升甚至一生的走向都会影响深远。

一份理想的书单,犹如精心配制的菜谱,核心素养、兴趣爱好、精神志趣、人生规划、阅读视野进阶,一个都不能少。老师认为,理想的中学生书单应该尽力遵守以下几条参考原则:

1.书的部头不要太大,要多选具有思想启蒙作用的小书,多选"大家小书""名家小书";

2.既要尊重自身的阅读兴趣,又要听取师长的引导;

3.既要有经典的雅气,又要兼顾流行的灵气;

4.不能仅仅局限于课标要求的文学名著的选读,还要对历史、哲学、思想、科学类的经典有所涉及;

5.所选的书兼顾古今中外,具有古今打通、中外兼容、文理交叉的丰富性的书籍要精挑细选。

选择这样的书不仅可以开阔学生的视野,磨砺他们的思维,更能培养他们的判断力和信念,帮助学生更好地成长。追求融会贯通的读书境界,有利于构建中学生的阅读背景和框架,促进核心素养的形成。

名 | 人 | 书 | 房

孔子韦编三绝

孔子一生勤奋学习,到了晚年,他特别喜欢《易经》。《易经》是很难读懂的,学起来很吃力,可孔子不怕吃苦,反复诵读,一直到弄懂为止。因为孔子所处的时代,还没有发明纸张,书是用竹简或木简写成的,既笨又重。把许多竹简用皮条编穿在一起,便成为一册书。由于孔子刻苦学习,勤展书简,次数太多了,竟使皮条断了三次。后来,人们便创造出了"韦编三绝"这个成语,以传诵孔子勤奋好学的精神。

12 选书就是选人——品读思想，寻找灵魂

读书无嗜好，就能尽其多。不先泛览群书，则会无所适从或失之偏好，广然后深，博然后专。

——鲁迅

有同学经常问："老师，我应该读什么样的书呢？读课外书到底有什么好处呢？"老师想说："阅读经典就是跨越时空去寻找自己的灵魂亲人。"周国平说，事实上，对于每个具有独特个性和追求的人来说，他的必读书书单绝非照抄别人的，而是在阅读的过程中形成的，这个书单本身也体现出了他的个性。我相信在灵魂和灵魂之间存在着某种亲缘关系。

一、中学生爱读的书是啥样

可以说，对作者的关注往往是孩子们购书的动机。青春期的孩子

们对于影视歌明星也是比较感兴趣，同学们就会买明星的写真集来看，学生们是根据自己的喜欢爱好来购书的。

有的同学甚至放弃作业，宁愿挨批评也要阅读网络小说，而对于文学作品，甚至是名著却不屑一顾。

二、老师帮你选的能提升思想的书是啥样

老师希望同学们能选择有思想意义的书籍，回归纸质阅读。

很多同学都是通过阅读一本书才开始阅读这个作家的其他书，或者阅读这个系列的其他书。比如说有的小读者读了一本名人传记的书，感觉对自己有着很大的作用：他了解了科学的思维方法，激发了自己的意志，培养了开拓进取的精神等。

1.生活的乐趣靠选择有趣味性的文学作品来提升

有些小杂志、鸡汤文、网络文学以及励志文并不是说不好，它只是培养起我们读书的习惯。刚开始时，可以读些名家寓言小品文，或者带着插图的文学书籍、名家的武侠小说等。这是根据中学生身心特点的发展来说的。现代心理学研究表明：兴趣是影响学习活动最直接、最活跃、最现实的因

素。所以老师觉得培养中学生读书兴趣是重中之重的读书任务。

2.审美的能力靠选择语言优美蕴藉的书籍提升

中学生接触最多的课本文章都是写人记事的文章，选择的书籍的语言不要太过深奥，读文学作品是孩子们爱上读书的最好途径。例如优美的散文、情节笔法巧妙的小说、意境优美的诗词，同学们通过阅读它们，促使大家形成日益成熟的人生观、世界观、价值观。

文学的功能是什么？在我看来，文学的功能就是：真正有力量的文字，一定能够对我们的审美进行奇异的再造，在我们对"真善美"的追求上有奇异的启示，有充电的感觉。所以那些人类最高的价值，真的、善的、美的东西就会融入我们的血液。一旦人的身体里有这三样东西，在现实社会中就不会轻易被世俗的、流行的、暂时的甚至非常糟糕的价值观扭转。

文学不单纯是对过去和现在生活的反映，也不是用某种表现方式去强行总结某种生活经验，更不是"源于生活、高于生活"的一种东西，它是一个生命过程，它是作者经过殚精竭虑地思考、酝酿出的思想精华。

托尔斯泰的长篇小说《复活》中，对卡秋莎的外貌描写，修改了20次才定稿；诺贝尔文学奖获得者奥尔罕·帕慕克经常会把小说的第一句话写上50到100遍；海明威的小说《永别了，武器》，初稿写了

6个月，修改花了5个月。

这些文学家都是严谨而勤奋的工匠，而只有这样，才能达到文学的目的——推动我们的想象，给我们启示。这些文学作品会预先点亮我们生命中的一些品质，比如幽默、勇敢、耐心、爱的能力等。

3.智趣提升靠选择历史经典书籍

大浪淘沙，留下的文史哲经典都是经过时间洗礼而被人们承认的精华。前事不忘后事之师，同学们应该努力从眼前的、当代的事情的发展与变化中跳脱出来，不再是只看眼前的当代人思维，形成一种看待事情更加全面具体，更加科学的方法论、宇宙观。那么青少年时期的认知便完整化了。有人说当今时代经济已经非常发达了，在共享经济的时代，人们的智慧却是没有解决孔子那个时代的很多问题，我们是不是有个理想去启发我们的智慧啊？它蕴含着大量的人类智慧与思想结晶，以及对人性深刻的剖析，同学们还是应该多读些经典。

读那些经典的、人类熟悉的甚至很多人因为追求时髦而不屑一读的文字吧。这些文字使我们对生命、审美、真理、语言与世界的关系有了更直接的感觉。我认为我人生最大的捷径就是，用时间和生命阅读及拥抱了世上一流的书。

为什么读经典？能改变我们的生命吗？

经典的价值已得到许多时代的公认。书的好坏，诚然要用自己的眼光去鉴别，但古往今来，书籍无数，没有人能够单凭一己之力从中筛选出最好的作品来。幸亏我们有时间这位相对来说最智慧和最公正的批评家，经典就是时间这位批评家向我们提供的建议。

4.形成自己的思想选择阅读思想领域书籍

真正改变人的是一个人的认知、思维模式与结构、思想以及对世界的看法。这些改变，阅读思想领域书籍是很好的捷径。我们同学，正值青春年少，完美的人生理想更需伟人来召唤。可以广博地涉猎一些古今中外的经典思想著作。

人读书越多，越不会被外在的环境所困扰，越不会被寂寞孤独这样可怕的东西所折服。因为书籍逐渐在人的心灵里建造了一个完全独立于外界力量的王国，这个王国是被心灵完全拥有的，在这个世界里栖居着令人神往的古今中外丰富而伟大的灵魂。

当一个人的心灵完全拥有这样一个王国的时候，他灵魂的承受能力会有多么坚强！因为他完全不需要依靠任何外力来支撑他的生命。

叔本华说："只有从那些哲学思想的首创人那里，人们才能接受哲学思想。因此，谁要是向往哲学，就得亲自到原著那肃穆的圣地去找永垂不朽的大师。"对于每一个有志于阅读的人,叔本华的这一指点都是适用的。

在思想领域的书籍中,你会有一个尝试和选择的过程。重要的是一开始就给自己确立一个标准,非最好的书不读,每读一本书,一定要在精神上有收获。

最好的提升方式是吸收之后再放出,让那些优秀的好的思想与你的生命做一次融合,经过你认真的思考、总结,它就永远跟随你了。阅读应该说一定能给予我们更宽广的胸怀和大爱的品质。读书就是在培养这种大爱意识和更优秀的君子人格。

MINGREN 名 | 人 | 书 | 房 SHUFANG

郭沫若的读书方法

　　郭沫若曾写过一副读书联："读不在三更五鼓，功只怕一曝十寒。"意思是说，读书要靠平时下功夫，不能一心血来潮就加班加点搞突击。要想获得成功，必须锲而不舍，持之以恒，决不能时而勤奋时而懈怠，三天打鱼，两天晒网。

13 向榜样学习——名家如何列书单

外物之味，久则可厌，读书之味，愈久愈深。

——程颐

榜样的影响力量是超乎想象的，选书时，我们是不是也应该向榜样学习啊？答案是肯定的。

一、习近平主席的书单

习近平主席在某次欢迎宴会上演讲时，开出自己在青年时代的"书单"。这一次，习近平还特别回忆了一本美国作家名作——海明威《老人与海》阅读的经历。习近平提到，海明威《老人与海》对狂风和暴雨、巨浪和小船、老人和鲨鱼的描写"给我留下了深刻印象"。回忆两次与上述作品的

"邂逅",习近平说:"我第一次去古巴,专程去了海明威当年写《老人与海》的栈桥边。第二次去古巴,我去了海明威经常去的酒吧,点了海明威爱喝的朗姆酒配薄荷叶加冰块。"

海明威以文坛硬汉著称,他的作品漂洋过海来到中国,影响了一代代中国人。实际上,在2014年10月15日召开的文艺工作座谈会上,习近平就与参会的文艺工作者们分享了自己的海明威"情结"。当时还有媒体援引参会的冯骥才谈习近平读《老人与海》的感受,并称"这种情怀往往是作家们才会有"。

在重大外交场合,习近平谈读书经历则不仅是为外国名作点赞,更有其特殊深意。"读书会"不仅荐书,也展示一种大国姿态。实际上,这不是习近平在出访场合第一次提到阅读外国名作。2013年3月23日,在莫斯科国际关系学院演讲时,习近平直接引用车尔尼雪夫斯基的名言比喻历史和现实的曲折前进:"历史的道路……有时穿过尘埃,有时穿过泥泞,有时横渡沼泽,有时行经丛林。"

2014年2月7日,习近平在索契接受俄罗斯媒体专访时说:"现在,我经常能做到的是读书,读书已成了我的一种生活方式。"接着,他列出了多个俄罗斯作家的名字:克雷洛夫、普希金、果戈理、莱蒙托夫、屠格涅夫、陀思妥耶夫斯基、涅克拉索夫、车尔尼雪夫斯基、托尔斯泰、契诃夫、肖洛霍夫。这些作家的作品大多是现实主义文学。

2014年3月27日，习近平在巴黎出席中法建交50周年纪念大会时表示，"读法国近现代史特别是法国大革命史的书籍，让我丰富了对人类社会政治演进规律的思考。读孟德斯鸠、伏尔泰、卢梭、狄德罗、圣西门、傅立叶、萨特等人的著作，让我加深了对思想进步对人类社会进步作用的认识。读蒙田、拉·封丹、莫里哀、司汤达、巴尔扎克、雨果、大仲马、乔治·桑、福楼拜、小仲马、莫泊桑、罗曼·罗兰等人的著作，让我增加了对人类生活中悲欢离合的感触"。

2014年9月18日，习近平在印度世界事务委员会发表题为《携手追寻民族复兴之梦》的重要演讲中，提及"泰戈尔的《吉檀迦利》《飞鸟集》《园丁集》《新月集》等诗集我都读过，许多诗句让我记忆犹新"。

2015年9月22日，习近平出席西雅图美方欢迎宴会并发表演讲，在讲到"广泛培植人民友谊"时提及读书的经历，并表示自己"喜欢了解华盛顿、林肯、罗斯福等美国政治家的生平和思想，我还读过梭罗、惠特曼、马克·吐温、杰克·伦敦等人的作品"。

与这些细节相对应的是，习近平在引用外国名作名句的同时，对于中国历史上的名作、诗词等文艺作品，也会同时提及。

正如习近平所言"对不同的文化和文明，我们需要去深入了解"，本国本民族要珍惜和维护自己的思想文化，也要承认和尊重别国别民族的思想文化。从中国最高领导人演讲可看出，一些名作不仅"可读"，更是已成为不同的文化和文明之间沟通的桥梁。现在，这种理念也已融入其个性化外交风格之中。

二、商界大咖俞敏洪的书单

俞敏洪是新东方教育的CEO（首席执行官），他曾感叹说："非常庆幸我在做公司的过程中，从来没有放弃过读书。"在第七届书香中国·北京阅读季阅读盛典上，新东方董事长兼总裁俞敏洪作为形象大使，在演讲中介绍了他的读书经历。为啥俞敏洪被请来当阅读形象大使？因为他是个"书痴"，家里有一万多本纸质书籍，出门电子书不离手。

俞敏洪天天读的都是什么书？他读的书非常杂，主要依据两条线。

一条线是所谓无用的书籍，归入精神享受类的书籍，不是指导你的日常生活，不是菜谱，也不是告诉你一个工具如何使用，也不是告诉你这个企业是如何管的,这种书籍对我的吸引力非常大。因为我是北大文科出身,喜欢读历史、哲学、文化之类的书,包括现在小年轻爱读的网络小说、网络诗歌散文,也都是我阅读的方向。

第二条线是有用的书,对我来说有用的书,某种意义上是能够指导我把教育行业和产业做得更好的书,这一类书包括科技类的作品,因为大家都知道现在哪个行业都不能离开科技。从李彦宏的《智能革命》到吴军的《智能时代》,到李开复的《人工智能》都是我阅读的书籍,包括现代企业管理、能源管理、领导力等书籍。

俞敏洪今年读过并推荐的书单摘选:

1.《帝国崛起病》,黄钟著

一本分析世界帝国崛起和衰退的好书,是一本有思想深度的书。

2.《一百年漂泊》,杨渡著

非常好的家族回忆录,叙事平实真切,该书讲述一个台湾农民家族,从晚清到日据时代,再到光复后国民党主政的七十年,几代人一路走来的真实故事。呈现了台湾在经济发展过程中,寻常农村的社会生活史。

3.《望春风》，格非著

一部非常优秀的，写江南乡村在改革大潮中逐渐溃败的小说，从主人公"我"的生命经历入手，一步步展开，感情丰富，情节简单动人。

4.《腾讯传》，吴晓波著

通过腾讯发展节点和马化腾个性特征的分析，切实剖析了中国互联网社交公司崛起的历史和借鉴。语言生动可读，但带有委托创作色彩，分析不够尖锐。

5.《人类简史》，[以色列]尤瓦尔·赫拉利著，林俊宏译

通俗易懂，理论完整，对人类的起源和发展以及未来的走向做了生动分析。理论还缺乏实证，更多的基于假设之上。

6.《不疯魔，不哲学》，哲不解著

十分生动幽默地对于历史中哲学家的生活和思想、个性进行了讲述，是哲学思想入门的好读物。但文体所限，不可能展现哲学家思想全貌。

7.《创新力社会》，拉斯·特维德著

一部有关人类创新力研究的系统著作，从创新力如何发展、怎样兴衰，到创新力如何影响人类进程，进行了非常系统、深刻而生动的叙述。

中学生朋友们,榜样都尚且读书,更何况我们呢?我们不仅可以向榜样借鉴书单,更要学习读书的精神。同学们,加油吧!

韩愈的"提要钩玄"读书法

唐代大学问家韩愈在谈到读书问题时,曾说过一句名言:"记事者必提其要,纂言者必钩其玄。"后人将他的话概括为"提要钩玄"读书法。

按照韩愈的这个方法,读书首先要将书分门别类,然后按其性质类型的不同而采用不同的读书法。对于那些记事性质的历史书籍,阅读时必须提出纲要,也就是提纲挈领地将书中的主要内容抽出来;对于那些理论方面的书籍,阅读时则要注意探取其深奥的观点,也就是抓住它的精髓部分。

读书若能做到提要钩玄,效果必定会好。因为"提其要",能使自己对书中事件的发生发展过程一目了然,对事件发生发展的原因清清楚楚,从而可以进一步了解事件之间的相互联系,透过现象,看到本质。"钩其玄",便于把握重点,吃透精神实质,对某些重要观点进行深入的研究,从而开阔视野,活跃思维,增长知识,提高水平,将书中的营养,化为自己的血肉。

有的同学往往有这样的感觉:读过一本书后觉得模模糊糊一大片,说不清道不明的,收效当然也就微乎其微了。这就是读书时没有"提要钩玄"的缘故。如能一边读书,一边注意提出其"要"、钩出其"玄",那么你就基本掌握了这本书的主要内容。

14 最便捷的方法：从日常生活中收集书单线索

读书忌死读，死读钻牛角。

——叶圣陶

很多时候大家想读书一是求朋友推荐，二是自己花时间在网上找。但是第一点之前也说过有弊端，而第二点专门花费大量时间找书又有点儿浪费。《如何有效阅读一本书》的作者的观点是"选择图书，重要的是看平时收集的信息，要经常竖起敏感的天线。平时提高了敏感度，就算没有特意去找，也能在日常生活里收集很多有意思的信息"。也就是说，在日常生活中，同学们可以通过各种不同的渠道——网络、电视、生活中的聊天，甚至是看报纸杂志，获取相关信息，激发自己的求知欲，从而知道自己想要了解的事情和书籍，进而进行合理的阅读。

一、根据我们日常获取书单的不同途径，分为被动获取和主动获取两个方面

1. 被动获取

最先贯彻的都是被动途径，通过报纸、杂志、书籍和电视等途径，尽可能多地捕捉日常生活接触到的信息，把感兴趣的书名或主题都写在笔记本上的随想笔记里。书里推荐的书：往往被推荐的书提到的起码有15本以上，如果同学们都买回来读，都要读上一阵子。

当你以写读书笔记为前提去买书、读书时，对读书的认识也会发生巨大的转变。这样，读书就从"读完书就算结束"变成了"读完书只是开始"，读书的重心也随之发生了变化，不再是简单地匆匆掠过。

2. 主动获取

除了被动收集日常生活中的信息，还可以根据需要主动收集一些信息，比如电视上播的新电影让你燃起了冒险的欲望，那就可以在笔记本上写"想读一读冒险题材的纪实作品"，有空的时候就可以去网上或书店找找这方面的书。如果你以读过的书为起点接触更进一步的研究主题，可以引发连续阅读的过程，促进知识的体系化。

二、从日常生活中收集书单线索的有效方式

1. 记录式。不管你对一件事有多关注，多感兴趣，如果不马上记下来，很容易就会忘记。所以不管是一句话、主题词、关键词，写下来。

2. 收集式。为了不放走任何与读书相关的信息。如果在报纸和杂志的书评里看到想读的书，在把书名列入购物清单的同时，把那篇报道也贴在笔记本里吧，这是为了在看完书以后还可以通过这篇报道回想起当初买下这本书的契机。

3. 从日常生活中收集书单线索示意过程：日常笔记或报纸剪报等方式—购书清单—读书—重读笔记或剪报。

MINGREN 名 | 人 | 书 | 房 SHUFANG

朱自清当衣买书

朱自清在上中学时，就极喜欢读书。一次，他在华洋书庄见到一部新版的《韦伯斯特大字典》，定价14元。自己手头没这么多钱，可书又实在舍不得，思来想去，就自己的一件皮大衣还值点儿钱了。这件大衣，是父亲在朱自清结婚时为他做的，水獭领，紫貂皮。样式虽不时髦，可毕竟是皮衣，在制作的时候，父亲还很费了些心力。踌躇许久后，朱自清毅然将它拿到了当铺。因为想到将来赎回，便以书价做当价：14块。大衣当然不止这个价，所以当铺的人一点儿不为难，即刻付款。拿上钱，朱自清马上去把那本《韦伯斯特大字典》抱了回来。但是那件大衣，却最终没有赎回来。

15
在实体店购书印象更深刻

> 我们可以由读书搜集知识,但必须利用思考把糠和麦子分开。
> ——富斯德

我跟所有人一样,也会去网上的书店,但我只会在网上购买内容已知的书,对于看到书名或主题就头脑一热想买的书,我几乎不会在网上下单。所谓"已知内容",是指读过这套丛书之前出版的几本,或者曾经在书店翻看过该书,或者该书是尽人皆知的名著或经典作品,或者自己曾多次读过作者出版的其他作品。

相反,如果是完全不了解的作者出版的书,或是第一眼看去让人无法理解作者身份或主张的书,以及看过内容简介和目录后依然无法理解内容的书,我只有在实体书店看过实物后才会买，因为如果书名与内容不符，或是文风让人无法接受的话，最后还是读不下去，那这次购物不就没有意义了吗？

大众书局的选书人朱兵，这位已经从业12年的选书人，曾说"真正好的书店追求的是精神格调，选书人就是通过选书、进书、荐书、推书来为读者打造心灵家园"。

如今，全国出版社已超千家，每年至少有10万个品种新书出版。爱读书的人一天读完一本，也远远赶不上出新的节奏，那么如果盲目选书就好比海底捞针。如果去实体店购书，你就会跟着专业的实体店的选书策略，快速选择到称心如意的书籍。所以"在实体店购书"自然成为选书的捷径。

一、实体书店有主题策划。通过显要位置的布局，引导读者购买。

例如，一些实体书店习惯把儿童类书籍布局在书店最里面，因为这类书籍是刚需。

所以家长和孩子经过之前的书架便有机会偶遇其他好书。让不同类别的好书从实体书单书籍中脱颖而出，书店用了很多经营的好点子，那么读者就能便捷地达成购书目的。

例如，在主打文学特色的福州路大众书局分店，就推出历年诺贝尔文学奖以及茅盾文学奖主题陈列展，读者根据个性需要，可以一次性看到很多获奖书籍，在这样一个有深度的书店里，读者更容易根据书店给出的获奖作品书单，找到喜欢的书籍。

二、沉浸式的阅读空间打造很好的读书效果，使购书获得精神格调。

除了静态的推书，书店还会巧妙引导读者购书。书店精心设置了和书籍相关的背景音乐和海报。读者对推荐的书单印象会更深刻。活动结果证明"比其他没有推荐的门店，经过精心包装的同类书销量翻了几番"。

三、书店签售讲座等活动使得购书更有仪式感。

现在，越来越多的年轻人开始注重"仪式感"。就像法国童话《小王子》里面说的：仪式感，是某一天与其他日子不同，是某一刻与其他时刻不同。

参与书店签售或讲座而购得的书，会让你有一种独特仪式感。而且现在很多书店都会邀请一些作者进行讲座和签售。你可以通过作者自己讲，更加了解这本书的内容，作为你是否购买的重要参考之一。

很多书店举办的讲座沙龙、签售、分享会，还会邀请其他的文化名人作为嘉宾出席，这样一场分享会，你也许能接触到更多的作家，收获更多的体验。

MINGREN 名 | 人 | 书 | 房 SHUFANG

欧阳修借阅典籍

　　北宋大文学家欧阳修，自幼天资过人，但是，他四岁时父亲就去世了。由于家境贫寒，家里无钱买纸买笔，欧阳修的母亲郑氏为了让儿子习文练字，想出了一个巧妙的办法，用荻草代替毛笔教小欧阳修写字。还教给他诵读许多古人的篇章。到他年龄大些了，家里没有书可读，便就近到读书人家去借书来读，有时会接着进行抄写。就这样日以继夜、废寝忘食，只是致力于读书。欧阳修勤奋刻苦，练成了一手好字，成为远近闻名的神童，而这种刻苦精神也影响了他的小伙伴李尧辅，将李尧辅带上了好学之路。

16

买书也有说法，列购书清单的诀窍

> 读书对于我来说是驱散生活中的不愉快的最好手段。没有一种苦恼是读书所不能驱散的。
>
> ——孟德斯鸠

诀窍是指关键性的好办法。购书清单的诀窍就是快速买到满足自己精神发展需要的图书的好办法。

好比学习需要规划，那么购书也需要清单。清单里的书籍可多可少，可精可杂。依照你的学习、需要、客观条件而定。年级的提升，我们需要新的教辅书籍；兴趣的培养，我们需要专项的类型书籍；培养单项技能，我们需要合适的专业书。茫茫书海中要找寻一本好书需要花不少时间，那么购书清单就为你选书提供必要的参考和提示，如果你有一个做购书清单的习惯，这些问题将迎刃而解。列出读书清单在书店确认购买,以这样的步骤去买书,你就会清楚自己"为什么要读这本书"了。

诀窍一:养成日常手写清单的习惯。虽然比较花时间,但也会因此更认真地筛选可被列入表格的书籍。而且书写还在一定程度上加深了你对书名和作者的印象。

同学们日常也有整理各科笔记的经验,那么清单就好比各科的"知识清单"。一目了然,提示性很强,比较具备序列性。这样的清单,印象深刻,购买目的性强。

诀窍二:参考整理书评,搜寻书单的素材。书评是简洁的高效材料,专业素养高的书评人客观可信的意见,非常值得青少年读者借鉴。奥野宣之是以信息整理术闻名日本的"笔记本作家",他在《如何有效阅读一本书》中教导我们记录整理书评,是确定书单的便捷方式。

诀窍三:目标明确,选择范围。相似内容的同步同类教辅书籍或者经典书籍都可以在购书清单中并列参考备选,但是不同的出版社、不同的作者、不同的版别,列在书单上,然后再有效地去各个网站看排名,到实体书店,实地翻看,节省购书时间。有目的性地选书是高效获得预设知识的必备条件。

诀窍四:清单导图,一目了然。你可以做一个专用表格记录所购书目表格,手写的简单,打印的干净,这样的表格清晰明了,携带方便,去书店选书时只要带上表格就行了。购书清单可以是一页纸,也可以是多页纸分门别类地登记书目,这样做的好处是便于查找。购书清单能够帮你找到真正想读的书,能够提高买书速度。这就好比你的备考清单——学习日日清表格,每天的学习计划就好比你购书的书单,书单上的书就是你必须解决的科目内容,一个一个扫清"堡垒",你的书单就容易被重视。

购书清单的诀窍,同学们,你也来挖掘吧!

MINGREN 名 | 人 | 书 | 房 SHUFANG

司马光警枕励志

司马光小时候贪玩贪睡,为此他没少受先生的责罚和同伴的嘲笑。在先生的谆谆教诲下,他决心改掉贪睡的坏毛病,为了早早起床,他睡觉前喝了满满一肚子水,结果早上没有被憋醒,却尿了床,于是聪明的司马光用圆木头做了一个警枕,早上一翻身,头滑落在床板上,自然惊醒。从此他天天早早地起床读书,坚持不懈,终于成为一个学识渊博的大文豪,编写了《资治通鉴》。

17 要列两类书单——"必读"书单和"选读"书单

> 真正的读书使瞌睡者醒来，给未定目标者选择适当的目标。正当的书籍指示人以正道，使其避免误入歧途。
>
> ——卡耐基

新东方的俞敏洪老师曾说："把读有用的书当作肥料，而无用的书是我的土壤。"新东方王强老师也曾说："读书和吃饭一样！不能偏食，要有一个balanced diet（均衡的饮食），精神的脾胃才能健康。"让我们综合课内外需求，从"必读"书单和"选读"书单哭参考吧。

一、"必读"书单——书单中的"主食"

第一，和校内学科有联系的书籍都可以称为"主食"。作家周国平曾总结说："从精神生活的角度出发，可以把书分为三大类。一是不可读的书,不能提供任何精神的启示或有用的知识;二是可读可不读的书,不读肯定不会有遗憾,世上的书大多属于此类。三是必读的书,所谓必读,是就精神生活而言,即每一个关心人类精神历程和自身生命意义的人都应该读。"

第二,一定要读哲学。哲学从某种意义上说,是寻找人之为人的存在根由的一种诘问。作为一个人,我们不得不问我们自己是从哪里来的,我们要到哪里去。

第三,不能不读历史。历史对人类到目前为止的所有生活场景进行了最接近真实的描述。人的生命有限,如果想领略人类经历的甜酸苦辣、成功和失败、生命和死亡,就只能去读历史。

第四,要学会读诗。人是情感的动物,那些穿透情感层面,展示情感宇宙奇景的一定是好诗。所以为了情感成长的丰富,一定要读诗。

第五,文学不可不读。作家通过语言向人的想象力挑战,这是文学的基本功能。比如村上春树,他的题材和写法奇诡诱人,有人把他视为通俗作家中的摇滚乐手。但我认为他一点儿都不缺乏深刻性——实际上他是在试图捕捉现代文明里飘浮的现代人的存在本质和表征。我喜欢的作家有卡尔

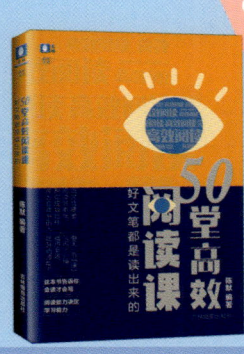

主题笔记本
《非卖品》

今日阅读目标

今日阅读心得

今日阅读目标

今日阅读心得

今日阅读目标

今日阅读心得

今日阅读目标

今日阅读心得

今日阅读目标

今日阅读心得

  在心理学中,有一个"21天效应"的说法。就是说,坚持重复21天,就会养成一个习惯。
  从今天起,记录自己的阅读目标与心得,相信你终会养成良好的阅读习惯。

阅读手账
ZHU TI BIJIBEN
21天养成阅读习惯

维诺、君特·格拉斯、雷蒙·卡佛、博尔赫斯、米兰·昆德拉，接下来就算得上村上春树了。我有村上的日文原版、英译本、赖明珠译本和林少华译本。我是村上春树迷。为读懂村上，我发誓开始学习日文。

第六，科学领域的一流读物也要读。我坚信在科学思想和人文思想方面存在着某种意义上平行发展的东西。

二、"选读"书单——书单中的"辅食"

课外的书籍，孩子们独特爱好的兴趣书籍都可以称为"辅食"。范畴更广，专业素养要求更高，甚至是大学专业发展方向的书籍，也可以归为"辅食"书单。

心理学要读。像弗洛伊德这样的心理学家，他拆解的是人意识的存在，探寻的是一个人的意识和心灵究竟怎样协调运行的，是如何保持人之为人的内在本质的。

人的日常阅读应该融合以上种种，要学会做出一盘有利于精神和心灵健康的"沙拉"。我称这种读书为饮食平衡法读书。这样人的生存才能不偏颇，精神的林木才不会因营养匮乏而枯萎或畸形。当然这是"读书人"的读书，专家学者另当别论。从终极目的上说，读书是建造一个完全属于自己心灵世界的过程。

就像某老师说:"我是从来不喜欢给孩子们死硬地拉个书单的。"因为读书是件很个性的事,老师拉出个书单,潜台词就好像在说:这些书在所有书当中是更重要的。这根本不合理,好书的标准不是它的经典程度,而是它是否真真正正触动了阅读者的心。

名 | 人 | 书 | 房

巴金的"回顾"读书法

著名作家巴金晚年患病时的读书方法十分奇特,因为他是在没有书本的情况下进行的。

读书而无书的确算得天下一奇了,这到底是怎么回事呢?巴金说:"我第二次住院治疗,每天午睡不到一小时,就下床坐在小沙发上,等候护士同志两点钟来量体温。我坐着,一动也不动,但并没有打瞌睡。我的脑子不肯休息,在回忆我过去读过的一些书、一些作品,好像它想在我的记忆力完全衰退之前,保留下一点儿美好的东西。"

原来他的读书法就是静坐在那里回忆曾经读过的书。

18 流行＝内容好？畅销书要慎选

> 读书勿求多，岁月既积，卷帙自富。
>
> ——冯班

读书读经典，还是读新？这可是答案特容易对立的一个问题，有些孩子喜欢看经典，有些孩子读流行，因为易懂易共鸣，贴近自己经历。高中生不太适合阅读畅销书吗？这些充斥着心灵鸡汤、成功学、青春疼痛的畅销书适合学生读吗？

一、知名老师来把脉——课外畅销书不可读

正因为文学需要细细品味，叔本华对畅销书抱着怀疑的态度，他甚至嘲笑畅销书是妄想一口吞下人类几千年来所积

累知识的速成品。

上海中学国际部的IB（国际预科证书课程）成绩，历年来是上海国际教育界的一个神话。而IB文学老师Mark Seeley（马克·西利），严谨到近乎古典，也是个神话般的存在。

他认为文学是凌驾于一切的学科，能与任何学科对话；他认为课堂就应该保持严肃，没有必要娱乐化；他认为高中阶段的求学就应该是辛苦的，有机会接受教育的人要心存感激。

"我喜欢看书，而我现在的工作主要就是看书，然后讲讲看过的书。"从北美来到上海十年，在上中国际部教了七八年IB文学课，Mark这样形容他的工作常态。

Mark强调"多读文学作品，少读畅销书"。即便是《哈利·波特》这样备受中国孩子追捧的小说，Mark也认为，这只是一部畅销书，内容单薄。

而说起畅销书《五十度灰》，他更觉得毫无美感，愤而发出"读畅销书其实是在浪费时间"的观点。

在他看来，畅销书与经典文学作品的差异如流行歌曲与诗歌的区别——一首情歌可能只是表达卿卿我我的爱恋，而一首诗则可以更为丰富多义，有足够的阐释空间。就如我们读莎士比亚作品，会有"一千人眼中有一千个哈姆雷特"。

新东方教育发展研究院院长王强曾说：他有一个座右铭叫"读书只读一流的书"。

王强认为："正是读经典，读那些能够改变我们生命轨迹的书籍，成为北大人离开校门后不管走到哪个领域，能比别人走得稍微远一点儿的保证。因为那些书不是字，是生命，而这些生命对读者的生命来说，是一种引领。现在我们生活在信息的海洋里，也算人生有幸，但是要接受的信息太多了。那么什么样的书该读呢？我读书的选择是这样的：畅销书坚决不读，不是我看不起畅销书，而是我知道生命有限，只能读人类历史上大浪淘沙的作品。我所读的作品的创作年代越来越早，因为我觉得越是早期的人，他们写下的文字越是生命的写照。"

读一流的书就要衡量这个作家进入书前的状态是什么。他是为满足市场的需要而写，还是倾其鲜血、生命和经历而写。如果你读的不是真文字，遇到的不是真语言，那么最后见到的也一定是虚幻的世界，不是真实的世界。读书真正对读者产生作用的时候，就是读者和真正的生命融汇在一起的时候。千百年来，没有被淘汰的著作是一代又一代人选择的结果，而不是现在市场的选择，更不是广告词的选择，这是非常关键的。

二、课程内容发展的需要——倾向课外畅销书内容

据中国网报道，在"白兰氏杯"上海市中学生现代文阅读大赛组委会了解到，畅销书成为中学生现代文阅读的"主菜"。一些语文教师提出，现代文阅读要引导学生走重经典、宽篇目，重课内、找课外的路线。

据组委会在上海市17所中学进行的问卷调查显示，27.5%的受访者喜欢读经典名著，而更喜欢读畅销书的有41%。中学生在阅读上比较容易受时尚的影响，但一位特级语文教师认为，如果光从畅销角度来阅读，这样的视野可能太狭窄，有些看起来是冷门的书可能对他们更需要。

现代文阅读在语文课上占有相当多的课时，收入教材的大多是被看作经典或准经典的篇目。可调查显示，现代文阅读倾向课内的仅1.6%，66.5%的中学生更倾向课外阅读。一些专家认为，现代文阅读与畅销书阅读不能完全等同，学生不应过多地以流行作为阅读的价值取向。上海市教科院附中语文老师马山美指出，收入课本的现代文可当作学生现代文阅读的范本，但不是"孤本"，更不是"全本"，学生要在课内与课外兼而有之的阅读中，有效吸收精神和文化的营养。

三、畅销书,并不一定适合所有人

现在很多人在挑选书籍的时候,会先搜寻最近出版的书籍。这些书籍确实有个得天独厚的优势,那就是不晦涩、好懂,因为书中描述的就是这个时代的东西。

根据《2017年中国图书零售市场报告》显示,2017年,中国图书零售市场总规模达到803.2亿元,比2016年同比增长14.55%,其中前1%的畅销书贡献了超过一半的市场码洋。

畅销书卖得越来越好,这反映了读者的阅读习惯。根据亚马逊的年度阅读报告,青年读者的消费行为会受"图书销售排行榜"等榜单的影响。

但畅销书并不等于好书,只有选择自己感兴趣的书,读过之后能把知识化为己用的书,才是真正值得一读的。

曾国藩的十二条"读书规矩"

曾国藩一生勤奋好学,以"勤""恒"二字激励自己,教育子侄。他抓住一切读书的机会,死前一日犹手不释卷。

曾国藩在道光二十二年(1842年)冬,曾给自己制订了每天读书的十二条规矩,它们是:

一、主敬:整齐严肃,清明在躬,如日之升;

二、静坐:每日不拘何时,静坐四刻,正位凝命,如鼎之镇;

三、早起:黎明即起,醒后不沾恋;

四、读书不二:一书未完,不看他书;

五、读史:念二十三史,每日圈点十页,虽有事不间断;

六、谨言:刻刻留心,第一工夫;

七、养气:气藏丹田,无不可对人言之事;

八、保身:节劳,节欲,节饮食;

九、日知其所无:每日读书,记录心得语;

十、月无忘其所能:每月作诗文数首,以验积理的多寡,养气之盛否;

十一、作字:饭后写字半时;

十二、夜不出门。

曾国藩的这十二条读书规矩,前三条是为读书做准备的。第四、五、九、十、十一条是读书的方法;而第六、七、八、十二条看起来似乎与读书关系不大,实质上是要求自己集中精力读好书,因而这看似关系不大的规矩,却是保证读书质量的重要手段。

19 加入读书会——借鉴别人的书单

> 我读书总是以少为贵,从不贪多。不怕读得少,只怕记不牢。
> ——徐特立

自2014起,"全民阅读"连续三年被写入政府工作报告,体现了政府对阅读的重视。

如今,伴随着"全民阅读"意识的萌芽,一些阅读倡导者尝试通过"读书会"的形式倡导读书,少则三五人,多则三五十人,定期聚在一起读读书、谈心得、交朋友,让丢掉读书习惯的人重新觉得阅读有趣,活动热度日渐升温。"独学而无友,则孤陋而寡闻。"通过意见的碰撞、心灵的交流让参与者能有所乐、有所获。

《人民日报》报道:"读书会"创新实践效果显著,但全民阅读作为一项政府工作报告的"要事",政府参与不可或缺。2014年4月1日,《深圳经济特区全民阅读促进条例》正式开始实施,不仅设计了"全民阅读"多样化活动,还从预算、基金、补贴、经费等方面提出阅读保障措施,引导、推广全民阅读。这些措施值得学习、借鉴。

一、学校读书会怎么建

对中学生来说,读书会也调动了他们的阅读热情。

如果你是班干部,或者学生会的委员,你就来发出倡议,建立一个读书会吧。你想知道窍门吗?参考大学里建读书会的经验,先来看看大学里怎么策划读书会的吧!

山大财法学院读书会的前身是该院牟利成老师发起的"清源渠"读书会,面向法学院师生,每周开展一次。在读书会创立初期,便确定了"教师引领,相互学习,共同提高,与贤者对话,与思想共鸣,百家齐放百家争鸣,促进新学风"的目标,费孝通的《乡土中国》、亚当·斯密的《道德情操论》、柏拉图的《法律篇》、哈耶克的《通往奴役之路》、托克维尔的《旧制度与大革命》等经典名著先后成为师生们在读书会上的探讨对象。在读书会的举办过程中,尽管不用为请不到高水平的嘉宾犯愁,但对一些学生来说,购书依然是个不小的投入。在这种情况下,院长宋焱和同事寻找赞助,为读书会购置图书。根据《山东财经大学报》报道,在"鹊华书院"揭牌仪式上,一位企业家校友便现场承诺,将捐赠2015年春季学期的书院用书。

山东大学文学与新闻传播学院开办的"文学生活馆",依托的则是该校文科一级教授温儒敏牵头的国家重大课题《当前社会"文学生活"调查研究》,主要关注普通民众生活中的文学消费情况。"文学生活馆"定期邀请高校老师、作家到山大做讲座,讲座面向公众开放。山东大学文学与新闻传播学院教授谢锡文曾经在出席"青未了读书会"时说,既然主要是面向公众,有人提议院里将讲座放在校外,但她经过调研后得知,很多校外的嘉宾更看重"山东大学"的金字招牌,"对一些校外嘉宾来说,到山大办讲座是一种荣耀"。多位省内外重量级学者、作家陆续出现在"文学生活馆"的讲坛上,讲座的门票也越来越抢手。这时候,谢锡文也越来越发现民间的力量,为了让更多没能到现场的人听到讲座,懂网络的志愿者主动揽下了直播的技术工作,一些长期从校外赶来听讲座的公众,则纷纷发挥自己的专长,调动自己的资源,义务办成了这件事情。

现在参考以下步骤，在中学里，策划成立读书会，作为文学社骨干、团委干部的你来试一试吧！

1.发起活动：策划读书会名称；

2.决定读书目标：例如对某某作家作品讨论、分享、欣赏等；

3.确定负责同学：共同确定近期几次活动的组织同学；

4.邀请嘉宾：可以邀请语文组的任课老师做同学们的分享嘉宾；

5.争取学校支持：读书会坚持下来不能靠热情，班级或学校组织有必要帮一把扶一程。

二、校外读书会怎么参与

据报道，北京、上海的读书会，发现多数读书会的主角都是学生。在北京这种文化积淀丰厚的城市，一到周末，新书发布、研讨会等读书活动散布在城市的各大书店和高校，爱读书的学生便根据自己的阅读兴趣赶场读书会。对读书兴趣比较浓厚的同学来说，校内的读书会已经得到了适当的收获，但是还有自己更高的期待，想去多做尝试的话，或者本学校氛围有限，没有读书会，就可以主动参加同城的其他已有的读书会。

同学们，先来科普一下校外的——"民间读书会"。同学们了解当今时代"浅阅读"盛行，当越来越多的人在感慨阅读危机、阅读环境差的时候，我们社会中却有一些人正在默默地播撒读书的火种，"民间读书会"便在传播阅读中发挥了非常独特而重要的作用。读书虽然是一件很私人的事情，但当这种私人行为与读书会强调的分享、开放和反思精神结合时，则可以提升阅读的品质。

中学生早早加入读书会，是对你的学习和生活有推动作用的。

1.在读书会上会有哪些美好经历呢？

在首次读书会上，书友们确定了参加读书会的流程以及书友会的公约，公约既包括涉及书友会重要事项表决时的一人一票制，也包括一些书友参加活动的纪律："书友要有建设性的表达，要包容和尊重每一位书友会的书友。"这些公约既在提醒书友重视在读书会上的发言质量，也提醒书友要懂得倾听与沟通。

2.同学们会在读书会上有哪些收获呢？

（1）在首次读书会上，前辈书友们各自推荐了自己喜欢的书籍，你会发现书友们提到的书涉及领域非常广，除了经济类的书籍，还有哲学类、文学类等。因为读书会原本设想的定位主要是阅读分享经济、科技、社科类的书籍，而散文、小说等文学类的书籍，即便有书友平时爱看，也一般不作为读书会的主题。

（2）会后，前辈书友们会在群里发读书会上书友们推荐的书单以及读书会实录，让那些没能到现场参加的人同样能够了解活动的情况，之后又不忘提醒你记得下次读书会的书目。"哪怕是同样的书，不同的人肯定也会有不同的看法。"你会很期待一个月一次的读书会。

（3）你可以在年长的书友那里直接学习到其他书籍的读书心得，也可以从自己中学生的角度多尝试自我分析。

（4）读书会除了要交流大家的阅读体验，同时也应该是一个社交平台，"将有相同爱好的人聚集起来"。而读书会的确提供了这样的机会。

现在个人发起的民间读书会因为经费等原因，经常面临请人难、选址难等困难，但是一些高校组织的读书会则有得天独厚的优势。山东财经大学法学院师生发起的"鹊华书院"便是其中很有影响的一个。可以试想，如果在中学里开展读书会活动，应该多么得天独厚，孩子们，是不是跃跃欲试啊？

MINGREN 名│人│书│房 SHUFANG

扑在书上的高尔基

高尔基,苏联大文豪。他出生在沙俄时代的一个木匠家庭,4岁丧父,寄养在外祖母家。因为家庭极为贫寒,他只读过两年小学,10岁时就走入冷酷的"人间"。他当过学徒、搬运工人、守夜人、面包师,还两度到俄国南方流浪,受尽苦难生活的折磨。但他十分喜欢读书,在任何情况下,他都要利用一切机会,扑在书上如饥似渴地读着。如他自己所说:"我扑在书上,就像饥饿的人扑在面包上一样。"

他为了读书,受尽了屈辱。10岁时在鞋店当学徒,没有钱买书,就到处借书读。那时的学徒,实际上是奴仆:上街买东西,生炉子,擦地板,洗菜带孩子……每天从早晨干到半夜。在劳累一天之后,高尔基用自制的小灯,坚持读书。

由于高尔基一生如饥似渴地读书,勤奋不懈地努力,他写下了大量有影响的作品:《海燕》《鹰之歌》《母亲》《克里姆·萨姆金的一生》《童年》《在人间》《我的大学》。除此之外,还写了剧本和大量的政论、特写、文艺评论等。

'20 好书单助你成为优等生——按照中学生核心素养定书单

> 读书时,我愿在每一个美好思想的面前停留,就像在每一条真理面前停留一样。
>
> ——爱默生

2016年9月13日,"中国学生发展核心素养"研究成果在北京发布。《中国学生发展核心素养》以科学性、时代性和民族性为基本原则,以培养"全面发展的人"为核心,分为文化基础、自主发展、社会参与三个方面,综合表现为人文底蕴、科学精神、学会学习、健康生活、责任担当、实践创新六大素养。

据悉,《中国学生发展核心素养》事关今后的课标修订、课程建设、学生评价等众多事项,因此也被誉为课程改革的"关键"、新课标的"源头"、中高考评价的"风向标"。《中国学生发展核心素养》的发布,对书目的选择有很大的指导作用,老师和同学们分享

一下依照"素养"的内涵制作的系列书单,这个书单得到了《人民日报》等权威媒体的重点推荐,参考如下:

核心素养一:人文底蕴

人文底蕴是一个人综合素质最为核心的体现。具体包括人文积淀、人文情怀和审美情趣等基本要点。

"四大名著"承载着无数文化精华,代表了中国古典小说的巅峰。

《史记》"二十四史"之首。史家之绝唱,无韵之离骚。

《世界文明史》考察人类自远古至今追求文明的历程。既了解到各主要人类社会和文化的独特成就,又了解其局限,呼唤学生关心当代问题。

《论语集注》对后世有深远影响的儒家经典。

《周易》中国传统思想文化中自然哲学与人文实践的理论根源,是古代汉民族思想、智慧的结晶,被誉为"大道之源"。

《唐诗画谱》融合"诗词、书法、绘画、刻版"传统文化四绝。

《悲剧的诞生》秉承瓦格纳"通过艺术重建神话"的理想，构造了一个文化哲学理想。

核心素养二：科学精神

具体包括理性思维、批判质疑、勇于探究；具有问题意识；逻辑清晰，能运用科学的思维方式认识事物、解决问题、指导行为等能力。

《科学思辨二十四则》打破文理界限，用浅显的文字讲述深刻的科学思想；促进学科交叉，用综合的思维展现深邃的科学哲理。

《谈谈方法》笛卡儿的处女作，近代哲学的宣言书，树起了理性主义认识论的大旗。

《文明的滴定：东西方的科学与社会》一次影响世界的自问自答，李约瑟本人对"李约瑟问题"最清晰的表述和回答。李约瑟，改变西方对中国文明落后评价的人，被誉为"20世纪的伟大学者""百科全书式的人物"。

《〈纯粹理性批判〉讲演录》第九届文津图书奖推荐图书。现代哲学所有的基本问题都是从康德那里来的。所以不读康德，就无以真正了解现代哲学。

《区分：判断力的社会批判》一场颠覆人们日常观念的社会洞

察。

《山海经》与《周易》和《黄帝内经》并称为上古三大奇书，鲁迅说它是古之巫书，茅盾说它是远古神话。

《物种起源》被美国《生活》杂志评为有史以来的最佳图书，法国《读书》杂志推荐的最理想传世藏书，震撼世界的十本书之一，重新解读生命起源的密码。

核心素养三：学会学习

具体包括乐学善学、勤于反思、信息意识等基本要点。

主动适应"互联网+"等社会信息化发展趋势；具有网络伦理道德与信息安全意识等特点的信息意识。

《学习科学：友善用脑》学习科学是一门古老而年轻的学科。友善用脑告诉你"人是如何学习的"，做大脑的主人。

《中国孩子学习计划：好方法·好成绩》为渴望学出好成绩的孩子提供了一系列切实可行的学习方法。

《中国逻辑学趣谈》中国逻辑先秦有，共筑人类逻辑链。人类逻辑同本质，同类同情同概念。

《如何阅读一本书》一部永不褪色的阅读经典，引领我们进入阅读这一美好的生活方式。

《古今名人读书法》不仅是读书法，更是一部中国人阅读的历史，一部国学指导教材。

核心素养四：健康生活

具体包括珍爱生命、健全人格、自我管理等基本要点。

合理分配和使用时间与精力；具有达成目标的持续行动力等特点的自我管理能力精神。

《中国伦理学史》（附：《中学修身教科书》）我国近代的第一部伦理学史专著。

《从中医看中国文化》了解中医，是认识生命、理解中国传统文化的入口。

《大学中庸初级读本》国学经典，修身之本。

《老子》人法地，地法天，天法道，道法自然。

核心素养五：实践创新

具体包括劳动意识、问题解决、技术应用等基本要点。

《三字经》中国历史上影响最大的蒙学经典，被奉为中国古代蒙学经典之首。如负薪，如挂角。身虽劳，犹苦卓。

《孙子兵法》世界上第一部系统的军事专著、"百代谈兵之祖",感悟传统文化中的制胜谋略。

《庄子今注今译》多彩的思想世界和文学意境,体现浪漫主义艺术风格,是道家学说的典范之作。

《尔雅注证——中国科学技术文化的历史纪录》《尔雅》是一部涵盖自然科学、社会科学、人文科学内容的百科全书。

核心素养六:责任担当

具体包括社会责任、国家认同、国际理解等基本要点。

《中华民族的人格》中国古代八个故事讲述什么是中华民族的真人格、真精神。商务印书馆建馆120年、张元济先生诞辰150年纪念特藏。

《曾国藩家书译注》曾国藩一生的主要活动和其治政、治家、治学之道的生动反映,显示了他恭肃、严谨的作风。

《信仰的力量》红梅傲雪,绽放浩然正气;血笔丹心,铸就不屈精魂。通过书信、手稿、文件以及百余张照片等珍贵史料,讲述了江姐、小萝卜头、华子良、许云峰、成岗等十位红岩革命志士,在渣滓洞、白公馆等人间魔窟不屈不挠、可歌可泣的斗争故事。

《人类的故事》一部最好的人类历史教科书。一度被美国中学选为历史教科书，还曾获得美国最著名的儿童文学奖"纽伯瑞奖"，在全世界有近百个版本，仅美国销量就高达一千多万册。

《东西文化及其哲学》现代新儒学的开山之作，东西文化论战中曾引起过思想学术界的重视。

MINGREN 名 | 人 | 书 | 房 SHUFANG

苏东坡："逐个击破"读书法

苏东坡学识渊博，他有一种逐个击破的读书法。他认为一本书每读一遍，只要理解和消化一个问题就行了；一遍又一遍地读，就能达到事事精通。一本书的内容是很丰富的，而人的精力有限，不可能一下子全部吸收，只能集中注意力了解某一个方面。比如想探究历代兴亡治乱的原因，那么就从这个角度去读；要探究史实典故，就换另一个角度，再读一遍。这个方法虽有些笨，但这样读过之后，各个方面都经得起考验。

Chapter 03

利用生活，养成阅读的好习惯

读到这里，对于"如何选书"你一定有了深刻的了解。书已到，接下来就该开启阅读之旅了。那么问题来了，在生活中我们到底要怎样做才能养成良好的阅读习惯呢？读完这一章，你自然会找到答案。

——本章指导教师：辛艳丽

21 每天都读书,真如想象中那么简单吗

> 有时间读书,有时间又有书读,这是幸福;没有时间读书,有时间又没书读,这是苦恼。
>
> ——莫耶

读书的重要性不言而喻,而要养成一个每天都读书的习惯,真如想象中那么简单?

黄小琥在歌中唱道:"没那么简单,就能找到聊得来的伴。"其实,何止"知音"难觅,能够真正做到日日与书为伴也是很难的。在某种程度上而言,优秀都是逼出来的,读书,也是。

逼自己阅读,其实,说到底,就是你要控制你自己,把每天有限的空余时间用在读书上。

经常听到身边人说特别想看书,但是学习太紧、工作太

忙，真的没有时间看书。事实是这样吗？是真的没有时间吗？若没时间，刷朋友圈、发微博、拍照片、玩抖音、看直播的时间都从何而来？其实，不是没有时间，只是没有读书的时间，说到底，问题还在我们自己。

工人领袖施洋年少家贫，因买不起灯油只得去村里的古庙读书。冬天的古庙里寒风刺骨，他不得不跺脚取暖，但跺脚时不方便看书，他便削了一根圆滑的木棍，放在脚下，一边搓暖脚，一边安心读书。施洋的故事告诉我们，只要你想读书，总会挤出时间来。

由此看来，每天都固定一段时间，就很必要了。早上时间比较紧张，我们可以选择听书的形式，起床时、洗漱时、早餐时、上学路上，在不影响正常生活的同时，每天坚持听书一小时应该是不难做到的，对吗？一天中第二段可以用来阅读的时间，便是午休时间，这块时间集中而且相对较长，如果能够充分利用，一年多读五十本书也是有可能的哦。第三段时间就是晚饭后了，这段是"金牌阅读时间"，如果能长期坚持，直到不读书就睡不着，那时你就离所谓的成功不远了。

读到这里，有些同学会说，我坚持一天两天、一周两周还行，时间长了，还真困难。是的，这是很多人没有养成每日读书习惯最重要的原因。相信，你也听说过"21天效应"吧，行为心理学认为，人的动作、想法重复21天就会变成一个习惯性的行为、理念。这21天的前7天,主要靠自己的意志力,要经常提醒并强制自己按照既定计划去做;从第二周开始,行为因约束而正在养成,这时千万不能中断,要不断告诉自己"我必须坚持下去",顺利地再坚持两周,习惯就初步养成了。这时你不要过于欢喜,还要再坚持直到70天左右,这个行为才可以转化成一种无意识活动。所以整个习惯养成期间,最重要的就是我们的自制力。那么,建议你一会儿就确立固定阅读时间,列一张"21天爱上读书"的计划表,上面选出所要读的书目,按计划完成一次就给自己画上一个大大的笑脸或者一个小物质奖励;也可以找一个身边的朋友做监督人,或者干脆你俩约好一块儿做这件事,这样也会督促自己。总之,如果你确实没有特别好的能够坚持阅读的方法,希望你按我说的去试试,从来没有一种坚持被辜负,好好努力,终将美好。

谷歌高级工程师马特·卡茨在《尝试做新事情30天》的演讲中谈到自己的经历:开始时他也是肥腻的工程师,每天过着机械重复而枯燥无味的生活,后来他决定改变自己,于是他给自己制订了一个30天的计划,尝试去接触新事物。摄影、骑行、写小说,一切都从零开始,凭借自制力完成,30

天后，他从一个IT（信息技术）宅男变成了一个热爱摄影、勇于骑行的小说家。这是不是很神奇？其实正如他自己所说的，你可以用30天，给自己一个机会，做做那些自己认为不可能完成的事情，不要总是羡慕别人，把自己演绎成一段传奇才是真的你。

　　罗斯福说："有了自律能力，没有什么事情是你做不到的。"真正想读书的人，从什么时候开始都不晚。真正想做一件事，就一定能够"逼"自己做成。"逼，凤凰得重生；不逼，慢火烤全羊。"你是想做浴火而得新生的凤凰，还是成为别人餐桌上的香酥烤肉？都在你一念之间。

　　越自律越幸福。

MINGREN 名 | 人 | 书 | 房 SHUFANG

孙中山：一日不读书，便不能生活

一九〇八年，孙中山先生颠沛流离地到了英国伦敦。

当时，中山先生经过旅途的辗转周折，所带的费用已分文不剩了，眼看着连一口面包都吃不上。于是，一些热心的留学生便慷慨解囊，凑了三四十英镑送给中山先生，以暂时维持他的基本生活。不料三天之后，大伙儿再去看望他时，却见他已将这些钱买了一大堆新书。一见面，中山先生便津津有味地指着书告诉众人说，这是什么书，那是什么书，这本书怎么怎么好，那本书又如何如何重要。众人见此情景，一个个不禁目瞪口呆，有的为中山先生的好学精神所惊骇，也有的抱怨他不该将吃面包的钱拿来买了书。

这些人哪里知道在中山先生看来，书比面包更重要得多。他曾经说过："我一生的嗜好，除了革命之外，只有好读书。我一日不读书，便不能够生活。"

的确，在中山先生的一生中，无论是在工作，还是在休假，每天除了饮食做事以外，总是手不释卷。他每次外出旅行，什么行李都可以不带，却总要带上几本最新出版的书籍。即使是在火线上督战，他也要带许多书籍杂志放在指挥所里，只要军事上的工作一停止，便把书本拿在手上，从容不迫，一字一句地读起来。

22 清晨,让书籍把耳朵叫醒——晨读,头脑最活跃

> 鸟欲高飞先振翅,人求上进先读书。
>
> ——李苦禅

这个话题一目了然,没错,就是要你坚持晨读。为了打动你,我也是蛮拼的。

好,言归正传,先聊几则新闻。

第一则新闻的主角是一名校长。为了让校园充满真正的书卷气,在任的七年里(公事出差除外),每天早上无论阴晴雨雪,他都会准时在校门旁摆好桌椅、端正坐姿,手拿一本本经典国学书籍(《论语》《老子》《孟子》等),用琅琅读书声迎接学生们进校。

第二则新闻,被网友们戏称为"晨读5分钟,打卡2小时"。2017年9月18日早上,在某大学的校园里,学生们排起了长长的队

伍，远远望去，甚是壮观。原来他们正在进行晨读刷脸。尽管在做法上略有不妥，但校方的"一片真心"完全可以看得出，他们希望通过强制手段可以督促新生逐渐养成良好的晨读晨练习惯。其实，利用打卡制度督促大家晨读，绝不仅仅这一家。

2017年3月，济南高新区某学校举办了一场"爱阅读·好习惯"的读书分享会，孩子们在交流读书感受的同时，不仅提高了自身的表达能力，更开阔了视野，激发了读书的热情。读书分享会得以顺利开展，得益于"读书打卡微信群"的坚持，他们这个群要求大家每天利用空闲时间读书，家长参与录制读书视频，每天上传，进行打卡记录。该群有专门的负责人统计、整合上传的打卡信息，分阶段汇总、评比，并对表现突出者给予适当奖励。孩子们读书的劲头越来越足。

以上三个学校为什么会不约而同地为"晨读"拼尽力气？他们的坚持究竟因为什么？

现代科学告诉我们，血清素和正肾上腺素两种神经传导物质和学习状态效果密切相关。血清素影响我们的情绪和记忆，明亮的光线和适度的锻炼都有助于提高它的分泌，而正肾上腺素直接影响注意力，醒来时的兴奋有助于它的分泌。此外，经过一夜的休息，此时的大脑不受前摄抑制的影响，记忆效果更好，这就是平时我们说"一日之计在于晨"的主要原因。这里需要注意的是，保持充足的睡眠是大前提，为了早读迫使自己违背身体生物钟过早起床，并不会收到好的效果，甚至会事与愿违。

那么，晨读的正确打开方式是怎样的呢？

首先，尽量营造愉快的晨读氛围。愉快的心情和适度的运动有利于记忆。起床之后，先洗脸，做个伸展运动再读书，如果条件允许，再配上优美的轻音乐，让大脑对晨读有个美好的情绪记忆，这是个很好的开始哦。

其次，晨读不一定只是"读"，也不应该只是读。在整个读书过程中，你不仅可以优美大声地朗读句子，也可以详细地讲给身边的人听，更可以动笔随时写写关键点。

再次，晨读的姿势不应该只是端正地坐着抑或直立，你完全可以边活动身体边朗诵诗歌，或者边跑边记忆单词。运动会激活身体尤其是大脑的神经和细胞，让它们瞬间充满活力。

最后，就是晨读内容了。三毛曾说："读书多了，容颜自然改变，许多时候，自己可能以为许多看过的书籍都成了过眼云烟，不复记忆，其实它们都是潜在的。在气质里，在谈吐上，在胸襟的无涯，当然也可能显露在生活和文字里。"晨读选择书籍一定要用心。我们要选那些读了之后能够变得开心且充满力量的文字。这里推荐一下：

1.知识类：英文单词、古代诗词是首选。"书读百遍，其义自见"，读得多了，想记不住都难。

2.励志类：这一类，网上有很多特别美的句子。你把它们整理在一个笔记本上，每天早晨，用心读读，时间长了，它都会融进你的生命里。

3.新闻类：每天各大网站都会在第一时间推送新闻，大声读读它们，不仅可以了解国家大事，更能增强语言文字感受能力，长期坚持非常有利于语文学习。

如果以上你都读了，那么大声唱首充满力量的歌也是蛮好的。

尼采曾说："每一个不曾起舞的日子，都是对生命的辜负。"愿你每天都有一个好睡眠，愿你每天醒来都有书籍为伴。愿每一个清晨，在暖和温馨的寝室中、在充满活力的操场上，在洒满阳光的公园里，在宽敞明亮的教室中，都能听到你琅琅的读书声，让它成为最有力的生命之音。

MINGREN 名 | 人 | 书 | 房 SHUFANG

爱迪生的读书计划

　　少年爱迪生在卖报的间隙常去底特律的一座图书馆看书。一天一位绅士走过来与他交谈："看你每天都来读书，请问你读书有什么目的吗？据我观察你以往读的书和今天的性质不同，你是不是随便乱读的呢？"

　　"不，我是按照次序读的，我下了决心，要读完这个图书馆里所有的藏书。"讲完这番信心十足的话，爱迪生直盯着那绅士。

　　不料，那绅士却说："这种精神可嘉，但是，你这种读法是会浪费精力的。经济实效的读书方法是，先应有一定的目的，之后再去选书读。从今以后，你要定一个计划，有了计划，就可以循序渐进了。"

　　一番话，犹如一道阳光透过心扉，射入了爱迪生求知欲强盛的心田。他牢牢地记住了那位绅士的指点，开始更加自觉、更加有计划地读书学习了。

23

利用午餐时间阅读，一年能看 50 本书

> 读书也像开矿一样"沙里淘金"。
>
> ——赵树理

前段时间，《中国诗词大会》"外卖小哥"雷海为击败北大硕士成为冠军的新闻，传遍大街小巷。人们不仅惊讶于他的满腹才华，更好奇他是如何在紧张劳碌的工作之中做到两年背诵八百余首唐诗宋词的。据报道，雷海为每天要送50多单，自己的用餐时间很短，三餐加一起也不过30分钟，即便这样，他依然利用等餐时间、等红灯时间、骑车时间阅读记忆喜欢的诗歌。而相比之下，我们的午餐、午休时间长得多，若合理利用，又会怎样呢？

我们每个人的午餐时间大概集中在11：30—12：30，如

果再加上后面的午休时间，中午可以阅读的时间大概在两个小时。这样按照5分钟阅读千字的平均速度，在午间我们可以阅读两万字，一周就可以阅读一本十万字以上的书，那么一年读五十本也就不再只是说说而已。

到这里，你一定想问，午餐时间到底应该如何利用，才能每周看完一本书呢？

饭前"小点"——杂志、漫画、新闻

在等待用餐的这段时间，我们可以拿出随身携带的期刊漫画类书籍，比如《意林》《绘阅读》《南方周末》《看天下》《三联生活周刊》《醒来，在地球的一个角落》《我就想停下来，看看这个世界》等，这类书的特点是篇幅短小，可读性、时代感强，有的里面还有精美的插图，在紧张忙碌过后，随便看几页，心灵瞬间得到放松，整个人都会感觉棒棒的。

饭时"佐餐"——听书

香喷喷的午餐端上来了，这时我们的阅读时光不应被终止，而应以另外一种更潮更新更高效的方式开启——听书。

听书，相对于用眼看书，是用听的方式来"看书"。其实，听书绝不是新时代的流行品。从前的评书、评话、评弹，都是现在听书的前身。现在在忙碌的城市生活中，越来越多的人选择利用碎片时间听书，或在线收听，或下载APP（手机应用软件），或将自己喜欢的文字提前录入到手机中，在不方便"看"的时候，戴上耳机，既可以缓解视疲劳，又可以最快地集中注意力。在前段时间热播的电视剧《欢乐颂》中，刘涛饰演的海归金领"安迪"每天早上边跑步边听英文的身影给我们留下了深刻的印象。他们那么优秀，而依然那么努力，那么，我们呢？

我们可以从自己喜欢的内容开始尝试。

第一种是"有声书"，它是一种个人或多人依据文稿并借助不同的声音表情和录音格式所录制的作品，我们接触最多的是有声小说（包括名著）和励志类畅销书。以《平凡的世界》为例，大部分听书网站，把它切分为20集左右，讲故事的人语音动听、有声有色，引人入胜。需要提醒的是，网络上有声书种类繁多，我们要选择那些积极向上、健康的作品，且不可过分沉溺其间，每天中午以一餐时间为宜，长时间听书，对听力也是有影响的。

第二种是知识类，历史、人文、外语、教育培训、IT科技都是我们可以选择的,喜欢什么,听什么。比如,有些同学对历史很感兴趣,那么你既可以按照播讲嘉宾也可按照历史年代选择听书作品:《趣说周易》《有话说历史》《缺失的历史课》等都是不错的。需要注意的是,选好一个种类,建议一个月内,都听这一种,不要过于频繁地更换,不利于知识的积累。在听完之后你可以马上讲给你身边的人听,这样印象更深刻。

另外,有一些听书网站或APP还有特色电台,一般也是他们的主打,比如"喜马拉雅FM"的校园电台、"荔枝FM"的《一个人的书房》、"意林公开课"等,你可以根据自己的喜好选择收听也可私人定制,从长期来看,这十分有利于我们每个人的个性发展。

古时贵族有书童为伴,当代吾辈,当以听书为媒。

饭后半小时"阅读好时光"——纸质经典名著

惬意的午餐时光已近尾声,这时的你最想去的莫过于自己心爱的床铺了,躺在绵软的被子上,四体通泰、心神俱醉。只是,如此美好的时光都用来睡觉是不是有点儿浪费呢?没错,让我们拿起一本枕边书,尽情享受吧。这个枕边书,为什么一定要是纸质经典名著?因为"纸质书比电子书更有味道",更适合深阅读。翻开充满墨香的名著,一页,一页,我们浮躁的心逐渐安静下来,开始与另一个世界的他、他们一起哭、一起笑，感受另一种人生。

孟德斯鸠曾说过："读书对于我来说是驱散生活中的不愉快的最好手段。没有一种苦恼是读书所不能驱散的。"午后，请远离喧嚣的人群，找一方静土，树荫下抑或花枝旁，沏一杯香茶，伴着慵懒惬意的阳光，静享你与书籍的美好时光。

MINGREN 名 | 人 | 书 | 房 SHUFANG

马克思的阅读笔记

马克思一生博览群书，学识渊博而精深。虽然记忆力惊人，对读过的书印象异常准确，但他读书时，总会做笔记。为写《资本论》，马克思研究了1500多种书籍，光笔记就写了100多本。他的读书笔记通常是将一张白纸一折为二，然后在中间画上一道线。在原封面上写明做笔记的时间地点，编上笔记序号、加上标题等。在笔记本的空白处有铅笔、钢笔等画的线。为了方便查阅，马克思还对很多笔记编了目录和内容摘要。然后放在特定的地方，需要的时候不用翻找，随手就能抽出来并快速找到所需内容。

24 睡前阅读，记忆更持久

读书，这个我们习以为常的平凡过程，实际上是人们心灵和上下古今一切民族的伟大智慧相结合的过程。

——高尔基

安东尼在《陪安东尼度过漫长岁月》中曾说过："最喜欢早上，好像什么都可以重新开始，中午的时候就开始觉得忧伤，晚上最难度过。"

真的是这样吗？

城市的夜晚，华灯初放、霓虹闪烁，虽看起来有些许浮华虚幻，但毕竟比白天安静、真实。天逐渐黑下来，忙碌了一天的人们，脱掉西装、卸掉浓妆，厨房里、书桌上、电视旁感受着属于自己的小幸福。其实，害怕天黑的人，内心可能是孤独的，而实际上，赶走孤独的最好方法莫过于读书。

据《新闻周刊》报道，美国前总统奥巴马会在每天晚上八点半后开始阅读一些新闻简报或文件，然后再读些自己喜欢的书，直到凌晨一点左右。在奥巴马看来，书籍不仅能够给他知识和灵感，更能让他"站在他人的角度想问题"，慢慢地了解人性、认清真实的自己，并保持身心的平衡。"我跳出现实回到过去，看那些有相同经历的前辈是怎样度过这段时光的。这对我来说太重要了。"马丁·路德·金、曼德拉的书籍给了他很强的"归属感"。另外，他也很喜欢阅读中国作家刘慈欣的末日科幻小说《三体》，如果你感兴趣，也可以看看。

说到这里，不禁想到一个人，她就是董卿。网上盛传一个董卿接受《环球人物》采访的视频，她谈到自己的卧室里没有任何电子设备，包括电视和手机，每天睡前静静地读一个小时，读完书就睡觉。

读到这里，你一定会想，为什么大家都不约而同地选择在睡前阅读？

1993年，美国的一项研究表明，人的最佳记忆时间并不都是早上，年轻人中晚上达到记忆力的最高峰很常见，尤其是睡前一小时。白天琐事多、声音嘈杂，而到了夜晚，周围安静，注意力容易集中，也就便于记忆。再加上心理学上的遗忘规律告诉我们：我们在一天学习之后会发现，早上和晚上学的内容不容易忘记，是因为早上和晚上只受到单一抑制的影响，又有"近因效应"，最后呈现的材料最易回忆，遗忘最少。由此来看，睡前阅读记忆会更持久。

那么，睡前阅读时我们需要注意些什么呢？

首先就是灯光的选择。这是大家最容易忽略的问题，很多人习惯开一盏床灯或台灯，实际上夜晚只开一盏床灯，室内明暗差较大，极易造成视疲劳。所以，建议同时把大灯打开，这样既能看清楚又能看得舒服。

其次就是阅读姿势问题。大部分人的睡前阅读应该是在床上度过的。斜靠在床头、枕在抱枕上、躺着、趴着……各种能想象到的姿势应有尽有。而你知道吗，长期不正确的阅读姿势是会影响身体健康的。所以，如果条件允许，还是希望你端正地坐在书桌旁，或者最起码坐直，保持眼与书本的适当距离，尽量不要躺着看书。

阅读时需要精神集中，这样就可以降低心率、放松紧张的肌肉，让人平静、放松、消除压力并暂时忘记生活中的不愉快。每天阅读6分钟，减压的水平比听音乐或者散步的效果高出三分之二以上。21：00—22：00，请尽量放下生活中的琐事和电子设备，拿一本纸质书，边读边在书页上写写自己的感受，给自己一个固定的睡前阅读仪式，慢慢地当它成为一种习惯、成为一种你生活的方式甚至成为你生命的一部分，那时候，你想要的，时间都会给你。

那么，哪些书更适合晚上阅读呢？这里，我们推荐一本。

法国作家马塞尔·普鲁斯特的《追忆似水年华》，光看着名字就有种深深的追忆感，在夜深人静时读再好不过了。翻开书页，跟着作者去旅行：他的童年、爱情、不幸，形形色色的人物、"今"与"昔"的回忆……在我们的记忆中寻找失去的乐园，那唯一真实的乐园。

"当岁月流逝，所有的东西都消失殆尽的时候，唯有空气中飘荡的气味还恋恋不散，让往事历历在目。晚安！"你看，多么美好的文字。我想，最浪漫的事，莫过于一个人伴着温暖灯光和丝丝书香，慢慢入梦。

最后把这句话送给坚持睡前阅读的你——"看似沉寂，实则暗潮涌动，一切生长拔节都在沉默中进行。你只需要努力生长，时间会带你去你最想要去的地方。"

MINGREN 名｜人｜书｜房 SHUFANG

陶行知，逆境中不放弃读书

陶行知小时候十分聪明。他常到邻村叶家玩，看到厅堂里的对联字画，就用竹条在泥地上描摹。他到了读书的年龄，家里却无力缴纳学费，幸好有位秀才在附近开馆教书，很喜欢聪明好学的陶行知，愿意免费收他为学生。9岁时，陶行知来到外婆家，外婆见他聪明伶俐，就把他送到吴尔宽先生的学堂伴读，陶行知这才正式入学。在那里，陶行知练出了一手好书法。10岁时，因父亲失业，陶行知只得半工半读。这时的陶行知已深知读书对穷孩子来说是多么不容易，因此学习更为刻苦自觉。他听说黄潭源村小南海航埠头曹家，有一位满腹经纶的前清贡生王老先生在主持学馆，便前去求学。王老先生被他的诚意所感动，便免费让他伴读。

少年陶行知迫于生活的压力，不能一心读书，必须经常参加劳动。崇一学堂校长见陶行知勤奋好学，便允许他免费入学。这样，15岁的陶行知进入了崇一学堂。在崇一学堂读书期间，陶行知既学现代科学知识，又没丢下古典文学。因为家境不好，他向崇一学堂的同学借来唐诗选本，在吟诵之余将一本书工工整整地抄完了。还书时，同学的父亲问陶行知唐朝诗人中最推崇谁。他不假思索地回答："杜甫和白居易。杜诗沉郁有力，多伤时忧国之作；白诗通俗易懂，道出民生疾苦。"同学的父亲为陶行知有这样的想法而感到惊奇，他认为陶行知一定会有所作为。

后来，陶行知成为我国著名的教育家。

25 阅读记忆：怎样做才能记住读过的内容呢

> 读书时要深思多问。只读而不想，就可能人云亦云，沦为书本的奴隶；或者走马看花，所获甚微。
> ——王梓坤

读到这里，相信你已经基本养成了阅读的习惯：晨读知识、午间和睡前读自己喜欢的书籍，现在的你一定在为自己能够每天坚持阅读而心生欢喜。可你有没有这样的苦恼——为什么读完的东西大都想不起来了呢？大人们说"人生最大的痛苦是忘不了"，而于我们而言，最大的痛苦却是"记不住"。

每个人都想拥有超强的记忆，而实际上对于大多数人而言，记忆的基本能力并没有很大的区别，记忆力的个体差异是受人为因素影响的，经过主观努力，我们的记忆力是可以

改善并提高的。我们先来了解一下记忆的法则:

法则一:记忆能力与个体的身体状况、情绪状态紧密相连。

生活中,你有没有这样的感觉?当身体不适的时候,感觉脑子都跟着一起坏掉了,什么也记不住。《分子精神病学》上的新研究表明,一个人身体状况越好、越健康,其记忆能力越强。"疲劳"是记忆的大敌,人一旦感到疲劳,大脑皮层的活动就会受到抑制,这时外界信息进入大脑后便不能得到有效的回应。所以,健康的生活方式和规律的作息时间、适度积极的休息、乐观良好的心态是拥有好记忆的前提。所以,为了拥有好身材而节食的你、为了提高成绩而过度熬夜的你、为了实现父母的愿望而给自己过大压力的你,是不是该反思一下呢?

法则二:兴趣是记忆的第一推动力,把注意力集中在你想要记住的事物上。

这里所说的"你想要记住的事物",既指你感兴趣的事物,也指本身很重要但你却没有兴趣的事物。强烈的愿望和刺激会促进记忆,对于你想记住的,你会聚精会神,当注意力集中这就是记忆的开始,兴趣越浓厚,记忆也会相应地越持久。"因为热爱,所以坚持",在学校,尤其是在中学阶段,因喜欢某位老师、某个科目而提高成绩的现象再普遍不过了,相信你我都感同身受。为此,我们要告诉自己,要理性对待读书这件事,尽量培养自己的兴趣爱好,广泛阅读。

法则三:要每天习惯性地使用。

现代科学研究表明,记忆力、注意力跟肌肉一样,是可以通过训练而改善的。其中,很重要的一点——要每天习惯性地使用。根据"用进废退"的原理,我们要每天都用脑记忆而且要认真记忆,才能使记忆力得到锻炼。

根据以上三个法则,在阅读时你可以尝试这样做:

第一,在阅读时尽量多地留下记忆痕迹,并根据类别用不同颜色的笔进行区分。可采用的形式有:圈点、勾线、折角、写旁批等。比如对于很喜欢的美句,你可以用红色的波浪线表示,而对于理解起来有难度的句子,你可以用绿色直线条表示,对于不好理解的词语可直接用黑笔圈画,对于特别有感想的地方你可直接在旁边做批注。

第二,阅读时要突出重点,精读和浏览交替进行,要有意识地忘记不重要的东西,对于部分文字可以直接跳过去,把注意力集中在关键词句上。比如在阅读小说时,与主要人物相关的就是重点,而其他的环境、补充情节可快速浏览。若平均用力的话,最后可能什么都记不住。对于一些重要语段,可采用朗读的形式尤其是配乐有节奏地、有感情地大声朗读,特别有助于记忆。对于许多古典诗词,采用唱的形式,记得更快也更持久。在《经典咏流传》播出之后,相信不少人都能随口唱出《将进酒》、唱出《青玉案》,这就是高效的记忆方法。这就启示我们,在平时的学习中,我们可以给那些又长又枯燥的文言文,配一段适合的曲子,变成一首歌唱出来,背古文也就不会那么难了。

第三,阅读内容要想记住,必须有理解作为基础。积极调动各个器官协同训练,将记忆对象形象化。这里常用的方法有:联想、想象、动作、思维导图等。比如诗歌、小说中的人物形象、故事情节,你都可以在头脑中勾勒画面,甚至加上相应的动作、声音。在读《雨霖铃》时,"寒蝉凄切,对长亭晚,骤雨初歇",你就在脑海中勾勒出一幅画面,想象寒蝉的声音,读到"执手相看泪眼,竟无语凝噎",你就想象情人惜别、含泪不言的画面,你也可以找身边的同学做这个"执手"的动作,这样再想忘记都难。

以上这些阅读记忆方法,是我们从长期实践中总结出来的,到底好不好用,还需要你用行动去验证。"最美的事不是留住时光,而是留住记忆",愿你把所有想记住的都深深地记在脑海里。

---MINGREN 名 | 人 | 书 | 房 SHUFANG---

陈善的"出入"读书法

南宋著名学者陈善,好读书,且有《四库总目》传世。他提倡:"读书须知出入法。始当求所以入,终当求所以出。见得亲切,此是入书法;用得透脱,此是出书法。盖不能入得书,则不知古人用心处;不能出得书,则又死在言下。惟知出知入,得尽读书之法也。"意思是开始读书时要力求深入,读后则要摆脱书本束缚。要读活书而不要读死书,要体会古人著作的精神和实质而不要死背一些字句。读书要学会运用,并且要运用得灵活。

26 "高效阅读"是怎样炼成的

> 读书之法无他，惟是笃志虚心，反复详玩，为有功耳。
>
> ——朱熹

这里我们介绍一种新的高效阅读方法——"共振阅读法"，以下这一阅读法相关内容来自日本速读大师渡边康弘的《高效阅读》。

"共振阅读法"首先是一种"主动"的阅读观，读者不是被图书牵着鼻子走，而是有意识地借助书籍完成自我提升。其中的"共振"一词可简单理解成"共鸣"，与其他阅读法不同的是，读者需边绘制"共振地图"边读书，与作者对话，逐渐产生共振（共鸣）。

"共振地图"就是这一阅读过程中至关重要的一环，本质上来说，它是一种图式读书笔记，上面包括作者、书籍相关信息、读书计划、读书感受等内容。整个过程的关键点是利用呼吸集中注意力，带着目的去阅读。首先，用很短的时间（1~4分钟）快速翻阅书本，接下来在纸上画出三栏的表格，然后用曲线标记出感兴趣的页码，并将感兴趣的关键词也写在上面，此外在边角处写上此次阅读的目的、书名、作者名、书页、作者画像或激励自己的笑脸。这一过程结束后，迅速制订阅读计划，一天、一周、一月、一年，根据自身情况而定，都写在这个"共振地图"上，之后带着你感兴趣的问题和你的具体计划进行阅读。每次阅读时，将学到的内容和自己的感受随时添加。

按照这种方法，可以用20分钟左右了解一本书的重要内容，也可以根据自己的兴趣在接下来的时间里学到更多的东西并获得很深刻的印象，再回看"共振地图"就能想起书中的内容。

那么，如果这种方法可行，它的依据又是什么呢？

一、阅读要从兴趣开始，而不是目录

在渡边康弘看来，人类的认知途径主要分为"无意识"和"有意识"两种，也就是平时我们所说的"感知"与"思考"。我们熟知的"第一印象效应"就是指最初接触到的信息所形成的印象对日后的行为和评价的影响。如果从"目录"开始阅读，就会"有意识"地强加印象，作者的观点就很可能会先入为主地影响你，就有可能无法获得真正想要的东西，你也不能充分体会到阅读的快乐。为了改变这种"先入为主"的刻板印象，在阅读之初，根据自己兴趣选出关键区域，就显得尤为重要了。

二、把一本书分成6~8份，总有你想知道的

带着一定的目的去阅读，把一本书分成6~8份，化繁为简，重点就会更突出。在这6~8部分中，再找出你最感兴趣的关键词，并以此辐射，重点看与其相关的内容。其实高考中常见的"理解词句的含义、表达效果、作用等"都是对于关键词的理解。这些关键词首先在出现次数上一定是比较高的，另外它们一般出现在章节的标题中或者文章的开头结尾处，它们是文章的魂，抓住了它也就抓住了作者的"心"。每一份中选出3个以内的关键词，应该就对内容有了基本的把握。记一本书难，但记几个关键词应该就容易多了吧？

三、"共振地图"督促你不停"输出"

美国学习专家爱德加·戴尔提出了一种"学习金字塔"理论，它研究的是不同的学习方式的学习效率问题。学习效果最不好的是"听

讲"的方式，就是老师上面讲，我们在下面听这种方式，我们是被动的，几乎没有"输出"任何知识，能记住的也很少；而效果最好的是"马上应用"或"教别人"，是一种主动"输出"，这一过程中，包含我们对学习的理解、再加工，这都需要主动参与学习，在应用的时候也就把知识以自己的方式"输出"了。"共振地图"采取的形式，就隐性要求我们理解文字内容，并不停地表达出来，渐渐地，这演化成一种"无意识"行为，一拿起书，就开始画"地图"，而且在绘制过程中，又需不断回忆已经读过的内容，这就达到了及时复习的效果。在回看"共振地图"时，自然印象越来越深。

  如果听了我的描述，你对这种阅读方法还算感兴趣，那么，就请试试吧。其实什么方法真的不重要，重要的是，怎样阅读更高效，若你有更好的方法，也欢迎分享给大家。德国诗人赫尔曼·黑塞曾说过："这个世界上任何书籍都不能带给你好运，但是它会悄悄地教育你，让你成为你自己。"愿你通过阅读，爱上这个世界，也逐渐成为你自己。

MINGREN 名｜人｜书｜房 SHUFANG

余华：最老实的办法，就是反复阅读经典

以《活着》《许三观卖血记》《兄弟》等作品为大家熟知的作家余华，当遇到创作障碍时，是如何破解的？余华说："最老实的办法，就是反复阅读经典，探索他们的叙事之道，跟着巨匠大师磨技艺。"

他读川端康成，说："我曾经迷恋川端康成，那些用纤维连接起来的细部，我说的就是他描写细部的方式。他叙述的目光无微不至，几乎抵达了事物的每一条纹路，同时又像是没有抵达，我曾经认为这种若即若离的描述是属于感受的方式。"

他向茨威格和陀思妥耶夫斯基学习，他说："我二十岁出头时，茨威格是更高的台阶，陀思妥耶夫斯基是更高的台阶。我当时年轻无知，直接爬到了陀思妥耶夫斯基的台阶上，结果发现自己有恐高症。我灰溜溜地爬下来了，刚好是茨威格的台阶。在我习惯茨威格之后，再爬到陀思妥耶夫斯基的台阶上时，发现自己的恐高症已治愈了。"

27 "交互阅读"是一种怎样的体验

> 不加思考地滥读或无休止地读书,所读过的东西无法刻骨铭心,其大部分终将消失殆尽。
> ——叔本华

加拿大传播学家麦克卢汉曾指出,每一种新媒介的产生,都开创了人类认知世界的新方式。当今,随着互联网和数字技术的不断发展,智能手机得到迅速而广泛地普及。人们的阅读不再仅仅局限在一本本纸质图书上,从电脑到手机、从图书馆到任何地方,只要想阅读,随时随地随便内容,都可以。曾经一本本完整的纸质图书转瞬间变成了诸多零碎的虚拟内容,我们进入了一个"碎片化"阅读时代,伴随这个时代而生的是一种全新的阅读方式——交互阅读。

所谓"交互"原本是一个计算机术语,是一种信息处理方式,指操作人员和系统之间的以人机对话的方式交流信息直至获得最后处理结果。"交互阅读"就是在这一基础上发展起来的。

一、阅读内容不再只有文字

打开交互阅读的界面,你会发现,文章不再是静态的固定的纯文字文本,而是不时地插入与文章内容相关的图片、动图、声音甚至是视频。以"翻阅"小说为例,阅读同时提供百度地图全方位街景服务,读者在阅读文章时可随时将所读场景带入,比如小说中写到天安门前一个伟岸的身影,这时你就可以点击"天安门前",瞬间出现真实场景,曾经你的想象瞬间都变得更加真实,感受更真切。又当你读到"毕业那年,他深情地唱起了《同桌的你》",这时你点击"同桌的你"相关音频便播放,无声的文字变成了有声的语言,从看文字到视听结合,这应该是一种全新的阅读体验。

二、交互游戏模式:读者亦是作者

传统的阅读内容及形式使得读者、作者界限十分清晰,而在"交互阅读"模式中,读者可以随时参与文章的创作,发表评论、角色扮演、与作者沟通,这已不再只是"一个人默默读",读者也在参与二次创作,读者自己可以当主角甚至决定故事的发展和结局。以"迷说"为例，里面的文章很多都是有背景音乐、背景图片、真人朗读，读者既可以选择传统式的看文字也可以选择新潮的听书，甚至，若对小说中人物对话感兴趣，还可随时参与角色朗读，其他读者在阅读这篇文章时也同时参与，可以点赞、打赏或者直接分享到微博、QQ（即时通讯软件）空间、微信朋友圈，与更多感兴趣的朋友互动。文章已不是传统意义上静态的、固定的文本，而是一个动态的、不断形成中的符合读者心理的个性文本。

三、对话体、剧本式表现手法

这一点可能是"交互阅读"与传统阅读模式最直观、最突出的区别。打开"旁趣"中的某一篇小说，传统的一页页文字变成了一个个对话框，小说中的旁白部分和人物语言用不同颜色区分，不同人物的语言采用聊天框的形式体现，小说中的地点采用剧本式表现手法，相应地不同文字内容对应的背景图片和背景音乐也不同，阅读时可以根据自己需要一行一行点击，控制阅读速度，也可以自动浏览。读小说更像在看剧本，读者很容易被带入真实的情境。Hooked（名为"着迷"的阅读应用）创始人曾做过一个实验：选择了青少年最畅销小说的前1000字，然后发现只有不到三分之一的读者读完了1000字，但他们把Word（文本）格式改成对话形式后重新进行测试，几乎所有人都读完了1000字。这种模拟对话的阅读方式可以随时中断，减轻了读者的负担，更适合在手机上利用零散时间阅读，逐渐为媒体所用也为大众接受。

以上我们说的是"交互阅读"的优势，其实，在现阶段的我国，这种读书模式还没有得到普遍认可，主要原因在于以上这几家APP上线书籍内容以时下热门如悬疑、科幻、官场、穿越、言情、都市等内容居多，读者群集中在青少年一代，优质多元阅读内容、读者群的扩大可能是他们要集中解决的另一大难题。

今日头条人工智能实验室总监曾大胆预测：未来，对话系统将能更好地理解人类语言，更自然地与人类进行语言交互。甚至有人预言，未来，听觉、视觉、触觉甚至味觉都可能全面融合，人类与机器的交互方式会逐渐变得更接近人与人的交互，机器将能逐渐感知人的面部表情、肢体动作、思想意图。由此来看，一个全新的"交互阅读"时代或许离我们已经不远了，而你，准备好了吗？

"拼命"读书的冰心

冰心小时候就喜欢读书，可她到了上学年纪，母亲却不赞成她读书。母亲说："读书是你哥哥们的事，他们读书可以做官赚钱，女孩子读书也只能做个贤妻良母，读书有什么用，你应该跟我学绣花。"冰心说不过母亲，可心中想读书的念头像火苗一样升腾。祖母、父亲、姐姐都来劝母亲，母亲就是不答应。当冰心知道读书无望时，心中竟然有了自杀的念头。她想到了几种自杀方式，可因为怕疼，这些方式又被她一一否决。最后，她打算用"饿死自己"来逼母亲。她真的躺在床上开始不吃不喝，坚持了一天一夜后，爱子女的母亲最终妥协，松口同意让她上学读书了。

28 从"有意"到"无意",阅读计划不可少

> 腹有诗书气自华,读书万卷始通神。
>
> ——苏轼

"凡事预则立,不预则废",前面描述的方法再好,可你没有在最开始制订合理可行而严谨周密的计划,并坚定地执行,可能一切表面繁华都终将化成泡影。

1942年美国人类学家爱德华·霍尔提出了"拖延"一词。曾经有项调查显示,约七成的大学生有拖延的现象,在正常成年人中也大约有二成的人出现拖延,你的身上有这种情况吗?如果你的口头语是"等等啊,明天再说""不用着急,反正还有明天""今天过后,再也不玩游戏了""今天睡个好觉,明天我一定早起""明天开始,我要健身晨跑"……那么,结果,你懂的。辰格曾说:"毁灭人类的方

法非常简单,那就是告诉他们还有明天。"乍一看挺吓人,细想下来,是不是很有道理呢?阅读也是,最怕没计划,最怕计划被"拖延"。

"计划"体现着你对某件事关注的程度,从做计划开始,就意味着你在思考;完成"计划"的过程中,你持续地关注某件事,不断地与自己的"拖延"做斗争,不断地反省自己当下的行为,并约束自己接下来的行为,在这个过程中,某种习惯也就逐渐养成了,从开始的"有意为之"到"无意而为"。

我们熟悉的陆游,读书就很有计划性。他根据自己的需求制订了不同时期的读书计划:

少年时,主攻古人各类诗作;青年时,各种文章尤其是"先秦古书",成了他的最爱;再大一些,他开始接触历史名著。驰骋沙场时,又把《孙子兵法》吃个透。这就启示我们,在制订计划时,要从自己的兴趣和主观需要出发,选择书籍。如果你以提高成绩为主要阅读目的,那建议你多看看课内要求阅读的书目(这类每学期老师都会推荐给你);如果你想提高思辨能力,那建议多读哲学类书籍,适合我们看的比如入门书《苏菲的世界》、朱光潜的《西方美学史》、罗素的《西方哲学史》、冯友兰的《中国哲学简史》等；如果你想开阔视野，那么你可以广泛阅读。

选好了自己要阅读的书籍，就到做计划的时候了。其实，在前面的文章中我们提到了"21天读书计划"，那个是针对没有阅读习惯的同学的强制措施。以下我们探讨的就是平常意义上的"读书计划"。我们分享两种容易操作的计划方式。

第一种是以"一本书"为单位。准备好一个厚一点儿大一点儿的笔记本，画上一个表格，里面内容大致包括：本书主题、作者简介、预计用时（细化到每个章节具体的时间）、关键内容提取、读后感受及反馈（具体的奖惩措施）。表格画得大一点儿，以一页为准。一页就是一本书，这样一学期下来，至少也有几十页了。在完成阅读计划的时候，也增强了自我约束能力。

第二种则以时间为单位，做周期性计划。短期计划可以一天、一周、一月为单位，长期可规划半年乃至一年。以"一月计划"为例，同样以表格的形式呈现，标注"阅读目的""书籍类型""书目""书中关键词""读后感受""反馈（奖惩措施）"等。做完之后，贴在学习桌上、床边、门上都可以，这样可有效防止遗忘。

如果可以，你把你的读书计划说给第二人听，定期地与其他同学交流计划执行情况。无论哪种计划，如果你能认真制订并坚定执行半年以上，那么阅读就可能成为你生活中不可缺少的一部分，那时你会发现，从"有意"到"无意"，一切水到渠成。

心理学家曾做过这样一个实验：

一共有三组人，他们同时出发到10公里以外的地方。心理学家们并没有告诉第一组要去哪里、要走多久，只告诉他们跟着领路人走就好。结果，刚走出两三公里，就有人喊累，接下来随着路程的增加，人们的牢骚、抱怨越来越多，有人开始愤怒，甚至有人直接坐在路边不走了。第二组的人比他们幸运些，他们知道要去哪里，也了解路途的远近，但一路上却没有路标、里程碑，大家全凭经验和感觉向目的地行进。可想而知，这一路走起来是多么不容易，因为没有里程碑的指引，大家对自己的行程情况不了解，好不容易坚持走到一半，觉得疲惫不堪，直到有人说"快到了，就快到了！"大家才重新振作起来。第三组在出发之前，心理学家把目的地、距离都告诉他们，而且路边还不时有里程碑和水、巧克力的供应，这样人们一路欢声笑语，每到一个里程碑稍作休息，补充能量，彼此互相鼓励，很快就走到了终点。

相信，心理学家的结论你已经猜到了：

当我们在行动之前有明确的目标时，并利用外在条件督促执行，我们的动机就会不断地得到维持和加强，就会自觉克服困难直至达成目标。所以青年作家老丑的这句话"没有目标的人跌进深渊，知道方向的人越走越远"，确实有道理。

MINGREN 名 | 人 | 书 | 房 SHUFANG

老舍先生的"印象"读书法

老舍，原名舒庆春，是我国著名的小说家、作家、语言大师、人民艺术家。代表作有《骆驼祥子》《四世同堂》、剧本《茶馆》等。

关于读书，老舍曾说："我读书似乎只要求一点儿灵感。'印象甚佳'便是好书，我没工夫去细细分析它……'印象甚佳'有时候并不是全书的，而是书中的一段最入我的味；因为这一段使我对全书有了好感；其实这一段的美或者正足以破坏了全体的美，但是我不管；有一段叫我喜欢两天的，我就感谢不尽。"

29 随手翻书好习惯，把家打造成小"图书馆"

读书如吃饭，善吃饭者长精神，不善吃饭者生疾病。

——章学诚

很多同学不明白我们为什么要读名著，要读鲁迅，读《红楼梦》，读唐诗。我们生活在现在，却要读几十年甚至几百年前的东西，到底有什么用呢？

钱理群教授说过："文学名作（经典）的阅读，就是一种发现与开掘：既是对作品所描述的已知、未知世界的发现与开掘，也是对自我潜在精神力量的发现与开掘。说到底，这乃是对'人'（他人与自我）的发现与开掘。它的魅力就在这里。"

而且，据央视报道，在2017年高考《考试说明》的语文科目中，更是把中外经典名著纳入考生必须作答的范围。

那么我们怎么才能利用课余时间"吃透"名著呢？不妨把家打造成一座小小"图书馆"吧。

一、把名著放在枕边

经典名著之所以称为经典，值得阅读，是因为这种书不管内容有多乏味，一定会有其可取之处。阅读是一项主观性比较强的训练，一本书的好与坏是不能通过我们主观思考来评价的。而且，经过几年的沉淀之后，就会知道它的价值所在，即使不去通读全本，也可以局部当作资料来参考。所以阅读名著，是一项稳赚不赔的"买卖"。

名著是很神奇的一种书，它可能不像畅销书一样博人眼球，但是当你想读名著的时候，一定觉得非常过瘾，因为能够流芳百世，必定经得起时光的洗礼。

记得曾经有同学在读奥斯特洛夫斯基的《钢铁是怎样炼成的》时，一度觉得情节过于缓慢，语言繁缛，一度想要放弃。于是我给这位同学支着儿："那就暂且先把这本书放一放，等到你什么时候想读的时候，再捡起来。"

这里的"放一放"并不是放弃、再也不阅读了，而是暂且搁下，因为带着厌倦的情绪阅读，并不会有好的效果。可以把这本书放在你随手能够到的地方,比如自己的枕边。这样当你闲来无事,想要换换心情时,不妨拿起来翻一翻。这样可以在潜意识里熟悉这本书,也可以事先读一读精编版或者解说版,不用担心这样会影响原著的魅力,因为想要领悟名著的魅力,你不可能只读一遍。

遇到一些不想阅读的书籍时,我们也要为想读的那天做准备,重要的是让这本书保持自己随时可以接触到的状态,而且现在很多名著都被拿来翻拍成电影或漫画,也可以用来借鉴。

二、在家里的每个角落放满书

之前参加一个读书会,一位作家曾说:"我会买几本词典类的工具书,放在家中的各个角落,一旦有什么疑问,就可以直接打开书,这种做法虽然会让我们多花几本书的钱,但是减少了每次查字典都要往书房跑的时间。"

这个是很妙的想法,随着时间的推移,愈是马上查证和遇事毫无作为的人,在知识和词汇量上的差别会越来越大。

与此同理,我们可以在家里的各个角落都放上其他类型的书,比如在卫生间放本诗集,在饭桌上放本跟食物有关的散文，利用碎片时间进行阅读。

知名作家奥野宣之就在自己家的玄关处设立了一个小型"图书馆"。出门的时候从玄关上直接选一两本书带走（通勤路上阅读），回家的时候也可以直接放回原位，这样做的话不需要特意准备，就可以利用穿鞋出门的一段时间，挑选当天想读的书，于是自然而然地就能根据当天的心情选好想读的书，外出也变得愉快充实。

三、在家"堆书成山"

乍看这个标题，你可能会觉得书籍堆积成山难道不是懒惰的表现吗，恐怕不利于阅读吧，且听老师慢慢道来。

把书买回来，先挑出自己想要阅读的一部分，堆在书桌上，这是为了跟自己已经开始阅读或者读完的书做区分，不要一起放在书架上。而且把几本想要阅读的书放在一起，方便我们同时阅读。

因为阅读是一项需要极强耐心的"工作"，根据自己不同的心情而变换阅读材料，可能对于我们来说更能激发兴趣，提高效率。

比如曾经买过一本跟"整理术"有关的书，买了两年了，都没有看过。当我购买了《断舍离》这本书后，发现可能会跟曾经买的那本书有关，但是因为放在书架不显眼的位置，所以费了半天劲才找出来。如今把"整理术"也放在了显眼的位置，在阅读《断舍离》过程中感到枯燥时，交换翻阅也是一种不错的体验。但前提是，后期一定要及时复习，整理清楚读书笔记。当然，未做完笔记的书，也可以堆积成山，方便我们日后分类和整理。

MINGREN 名 | 人 | 书 | 房 SHUFANG

钱锺书的"反刍式"读书法

许多人说，钱锺书记忆力特强，过目不忘。他本人却并不以为自己有那么"神"。他只是好读书，肯下功夫，不仅读，还做笔记；不仅读一遍两遍，还会读三遍四遍，笔记上不断地添补。所以他读的书虽然很多，也不易遗忘。

他做笔记的习惯是在牛津大学图书馆（Bodleian——他译为饱蠹楼）读书时养成的。因为饱蠹楼的图书向来不外借。到那里去读书，只准携带笔记本和铅笔，书上不准留下任何痕迹，只能边读边记。钱锺书的《饱蠹楼书记》第一册上写着如下几句："廿五年（一九三六年）二月起，与绛约间日赴大学图书馆读书，各携笔札，露钞雪纂、聊补三箧之无，铁画银钩，虚说千毫之秃，是为引。"第二册有题词如下："心如椰子纳群书，金匮青箱总不如，提要勾玄留指爪，忘筌他日并无鱼。（默存题，季康以狼鸡杂毫笔书于灯下）"这都是用毛笔写的，显然不是在饱蠹楼边读边记，而是经过反刍，然后写成的笔记。

Chapter 03 利用生活,养成阅读的好习惯

养成良好阅读习惯的 8 种方法

节饮食以养胃,多读书以养胆。

——庄周

如果说世界上有两件事情付出必有回报,那么一定是读书和运动。读书不仅可以丰富我们的业余生活,还能充实我们的精神世界。美国康涅狄格州某中学的老师本杰明在采访中说道:"在我们学校,虽然并不会给学生留很多作业,但是一定是从学生入学第一天起就开始让大家阅读。"

本章我们从不同的角度了解了如何利用课余时间养成阅读的好习惯,最后一篇文章就让我们一起来总结一下,培养阅读习惯的几个小方法。

一、寻找阅读兴趣

俗话说，"兴趣是最好的老师"。培养好习惯的最好方法就是兴趣，读书也不例外。我们每个人都知道自己喜欢什么类型的书，这样在图书种类纷繁复杂的市场上，你很快能挑选出自己想要阅读的那一类。在阅读的初级阶段，具有吸引力的书，才能促使你连续阅读。当你决定要培养自己的阅读习惯后，挑选一本你最为感兴趣的书，当你读完，不但会收获一份知识，还会有满满的成就感。

二、切勿急功近利

我们在养成阅读习惯时，千万不可急功近利，要持之以恒。没有一口吃成的胖子，习惯也不是一天养成的。急于求成，过于急躁，是无法养成一个良好的阅读习惯的。因此，想要培养阅读习惯，首先要放下功利心，带着平常心去阅读，从读书中找到乐趣，才能长久坚持。

三、权衡数量与质量

不少同学在读书时，过分注重数量而忽略质量。为了快速阅读，常常一目十行，很难将书中的内容读透。不要想着和别人比赛看谁读得多、读得快，你只需要和自己比，今天的阅读是否让你比昨天有所收获、有所进步。只有找到自己的读书节奏，才能保证有质量的阅读，等你养成习惯，速度自然会有所提升。

四、每天坚持阅读

荀子《劝学》中写道："不积跬步，无以至千里；不积小流，无以至江海。"说的就是积少成多的道理。如果你每天坚持阅读1000字，那么一年就是36.5万字，以一本书10万字来算，一年就是36本书的阅读量，是不是很可观呢？不要觉得没有时间阅读，我们要自己主动创造读书时间，把玩手机、看电视的时间用在阅读上，持之以恒，相信你一定会有所收获。

五、制订读书计划表

我们班有一位"阅读达人"，他平均一年能阅读50本书，这还是在不影响学业的情况下，所以他的文学素养相对其他同学要高出很多。他是怎么做到的呢？就是给自己制订阅读目标，然后严格完成。每个月将自己想要阅读的书列一个清单，并写上截止日期，给自己一点儿压力，按时完成计划就画一个"对钩"，没有完成的话就要及时反思是时间不够还是自己有所懈怠，并继续完成计划。当一个月过后，你看着清单上完成的计划，会非常有成就感，然后开始下个月的"打卡"任务。

六、及时整理读书笔记

很多同学可能觉得做笔记很麻烦，也不知道该怎么写，其实做读书笔记的第一步就是动笔。不管写什么，先把笔拿起来，抄好词好句也好，写阅读感想也好，总之，只要开始动笔，你就成功走出了第一步。久而久之，你会找到做读书笔记的"感觉"，是不是翻出自己的笔记，也能从中发现不少乐趣？

七、学会利用阅读工具

在这个互联网高度发达的时代，我们读书不应该仅仅局限于纸质书，虽然纸质书会给我们营造一种读书的环境，但是它也有不方便携带、价格过高等缺点。所以现在也有很多同学选择电子书阅读，这样可以方便我们随时阅读，但是也要注意不要用眼过度。

八、加入读书群体

如果在读书过程中有心得体会想和他人分享，不妨加入一些读书群体，线下的校园读书会、网络上的读书交流群都是很好的选择，和志同道合的人交流更能够培养读书的兴趣，并且在相互交流中也能得到很多经验知识。

经过以上几个阶段的循序渐进，相信你已经养成了自己的阅读习惯，接下来只需要按照自己的习惯去阅读即可。

MINGREN 名｜人｜书｜房 SHUFANG

陈寅恪：一生爱好是看书

陈寅恪是中国现代最负盛名的历史学家、语言学家、诗人。他更是一个"移动图书馆"，一辈子爱书，因为陈寅恪把所有钱都投在了买书上，所以，他婚后的生活始终捉襟见肘，害得妻子为了支持他的事业，不得不在家自制土布窗帘或自制儿童识字卡片以补贴家用。害得家人跟着自己受苦、挨饿也就罢了，陈寅恪还因为看书把眼睛累坏了。中年失明后，他自己也郁闷地回忆："因髫龄嗜书，无书不观，夜以继日……久而久之，形成了高度近视，视网膜剥离，成为不可幸免之事了。"

不过这依然无法阻挡陈寅恪对书的喜爱。失明两年后，他还每天依靠别人朗读资料、自己口述来进行学术研究，终于写完了80万字的《柳如是别传》。

Chapter 04

一些技巧，教你高效阅读

　　我们读一本书最重要的是读书的过程，你读懂多少，有什么感悟。读书的方法有千千万万，也是因人而异，有人适合快读，有人适合精读。在本章，我们将带领你找到适合自己的方法，进一步提高阅读效率，准备好了吗？让我们开始吧！

——本章指导教师：陈默

31 高效阅读的三个误区，你中招了吗

> 读书是最好的学习。追随伟大人物的思想，是最富有趣味的一门科学。
>
> ——普希金

著名作家陈平原说过："如果你半夜醒来，发现自己已经好长时间没有读书，而且没有任何负罪感的时候，你必须知道，你已经堕落了。"

所以，翻开这本书的你，应该是一个热爱阅读、想提高自己阅读能力的人。但是很多人容易陷入阅读的误区，或者根本不知道自己已经陷入误区，为了阅读而阅读。

看完这篇文章，希望你能自查一下，避免陷入阅读误区。

误区一：阅读应该采用相同的方法，即逐字逐句阅读

无论你是阅读报纸小说、网文还是教材，都从头一字不落地读到结尾，这种方法明显浪费时间，要想成为高效阅读者，必须改掉这个坏毛病。

我们在学校上学的时候，已经学到了不止一种阅读方法。

1.略读。略读是选择性线性阅读，也就是以逐字逐句为基础，但又不是阅读所有字词。略读时，通常每段话的第一句话是值得我们注意的，因为这些话往往更能帮助我们了解文章的主旨大意。但是略读的弊端是有可能存在理解不全面的情况，所以要快速地阅读每段的段首，快速提炼文章大意。

2.扫读。扫读通常适用于在文章中寻找信息，因此你需要查阅所有内容，以便确定自己要找的信息位置。阅读时，你要找的信息越具体，扫读就越容易。

3.视读。视读也是一种快速阅读的方法，即词群阅读。通常以向下移动的模式，从左到右再从右到左地阅读，不是按照线性顺序。通过练习使用这种方法，对于一般难度材料的快速阅读很有效果。

误区二：从头读到尾才能理解

不少同学跟我反映，是不是必须从头读到尾才能完全理解文章内

容?这就是阅读的第二个误区。

我们都知道"庖丁解牛"这个成语,所有事物都有其规律和方法,阅读也不例外。

高效阅读的方法之一就是预览。预览有助于我们理解材料内容。

举个简单的例子,你要自驾游去一个陌生城市,如果你提前研究了地图,并且熟悉路线,知道在哪个岔路口向哪个方向转弯,就不用放慢速度导航,或者拿出地图找路线。这样一来能为我们节省时间,二来还能改善旅行的心情。

预览就相当于提前做好了准备工作。这样你在知道后面所要讲的内容时再次阅读,将能更快更好地理解内容。因为这已经不是你第一次阅读材料了,你肯定同意,第二次阅读会比第一次阅读理解得更全面。

预览时,我们应该怎么做呢?

1.从整体到部分。先看整体材料,尝试找出阅读的是什么内容,以及从材料中能得到什么信息,然后再开始阅读各个部分。先看整体,然后部分,通常能让你更好地把握要找的内容。

2.找出作者"写作的地图"。作者通常会为书提供地图材料，主要道路都有路标指示，即二级标题或粗体标题，通常这些二级标题下还有三级标题，当然三级标题指示的是更小的道路。

在一篇文章中，如果有很多二级标题或三级标题，当你读完这些标题，你就能对作者要写的以及自己要读的内容形成清晰的了解。

同学们可能会问，如果没有标题的时候，我们应该怎么做？你可以浏览本章节的内容，关注主要部分的开头与结尾，这样能让你清晰了解作者将如何阐述自己的观点。通过预览，为高效阅读做好准备。

误区三：读的遍数越多理解得越好

哪怕是同一个材料，其实我们每次阅读过后都会有不同的发现。那么是不是读的遍数越多就理解得越好呢？我们要从更实用的角度看待阅读，阅读方法应该服务于你的阅读目的。所以你要先学会针对特定阅读材料，确定阅读目的，然后采用最高效的阅读技巧达到这个目的，一旦有了具体的目的，阅读就会变得很容易。

尤其是我们平时在做阅读理解题目的时候，很多老师会说，先读问题，带着问题去阅读原文，很快便能在文中找到答案。

当然并不是所有材料都值得我们反复阅读，你可以问自己这样两个问题，以此来帮助自己设定阅读的目的：第一，根据总体阅读计划，如何通过提出问题缩小你的阅读范围；第二，我想要获取或需要从材料中获得哪些内容？举个例子，比如你在读一份报纸，选择一篇文章，但文章重要性有多大，是一则数周后就被遗忘的新闻，还是一篇能够帮助百万人生活得更轻松的技术性文章，或是一篇数周后就会过时的时尚文章，问问自己，阅读材料从长远来看对我有多重要，这能让你对材料的价值进行评估。

不要把时间浪费在能力范围内的慢读上，在所有练习中，尽可能加快你的阅读速度，确定阅读目标，养成良好的习惯，从而能让你在课本外更高效地阅读。

MINGREN 名 | 人 | 书 | 房 SHUFANG

董仲舒三年苦读不窥园

董仲舒好读书，专心攻读，孜孜不倦。他的书房后面虽然有一座景色别致的花园，但是他专心致志读书学习，三年时间里都没有进园观赏过一次。董仲舒如此专心致志钻研学问，使他成为西汉著名的思想家。

32 拿到一本新书之后,你要怎样阅读

读书贵神解,无事守章句。

——徐洪钧

开始本节的学习之前,先跟大家讲个故事。

有一位老猎人,带着他的三个儿子到草原上猎野兔。在到达目的地,一切准备得当,开始行动之前,父亲向三个儿子提出了一个问题:"你看到了什么呢?"

老大回答道:"我看到了我们手里的猎枪、在草原上奔跑的野兔,还有一望无际的草原。"

父亲摇摇头说:"不对。"

老二的回答是:"我看到了爸爸、大哥、弟弟、猎枪、野兔,还有茫茫无际的草原。"

父亲又摇摇头说:"不对。"

而老三的回答只有一句话:"我只看到了野兔。"

这时父亲才说:"你答对了。"

事实上,漫无目标,或目标过多,都会阻碍我们前进。有了明确的目标,才会为行动指出正确的方向,才会在实现目标的道路上少走弯路。

阅读也是一样,需要我们整体把握,确定读书目标和方法。

一、明确阅读"三目的"

拿到一本新书之后,我们应该怎么做呢?对于读书比较慢的人来说,可能他会从前言等开始阅读;而对于读书比较快的人来说,拿到书后一般会整体浏览一遍,对整本书有个把握后再开始阅读。

我一直在强调,预览的重要性,个人认为预览有三个目的:

● 把握整体;

● 确定读这本书的目的;

● 选择泛读还是精读。

当你明确了上述三点后，也就在真正开始阅读之前决定了阅读目标和使用的阅读方法。

可能有些人觉得，这样提前预览一遍太浪费时间了，效果也不一定好吧？

再举个例子。比如我们要去一个从未去过的地方游玩，相信大多数人会提前做攻略、查路线。

相信没有人一定要过了检票口或者乘上了地铁才开始规划自己的路线，如果提前知道了目的地的话，完全可以事先确定自己出行的最佳方式和最短路线，这样才能更快到达目的地。

那么，大家能在出发去某个地方的时候先确定出行方案再行动，那读书也是一样的道理。

首先，在认真读书之前先浏览一下目录，大致翻阅一遍，就可以对书本有一个整体的把握；接下来就是决定读书的目的，你希望从这本书中学到什么东西，了解什么知识；第三步就是确定选用泛读还是精读的读书方法。

通过浏览之后，相信你对这本书已经有了一个大概的了解，如：是实用类还是文学类、其中的知识含量有多少、引用文献的多少、是否为翻译作品等，就能大致确定是需要逐字逐句地精读还是做了解涉猎地泛读。接着，还要为自己设立一个时间上的阅读目标，是用一天时间读完还是分为一周读完。

像这样翻开书之后，大致浏览一遍，确定自己的目的地（阅读目的）和出行方式（阅读方法）的读书方法，不但应用范围很广泛，而且可以提高读书的速度和学习效果。

二、确定阅读的目的，提升记忆力

我们的身体只需要零点一秒的时间就能够完成读取信息的工作，而我们的大脑在一分钟的时间内，也能够完成读取信息的工作。

大脑在运转时，如果毫无目的，就会一直保持无所事事的状态，但是一旦有了一个明确的目的，那一瞬间就会为了达成目的而开始主动搜索必要的信息。

有这样一个实验，各位读者也可以自己试试。

打开本书的任意一页，然后开始浏览文字，在浏览文字的同时，在你的脑海中想象你所处的空间，回忆一下现在你所属的空间有几个黑色的物品；想象出来以后，在大脑中数数量；然后再用眼睛环视一下周围来加以确认，通过眼睛确认之后闭上眼睛；然后再次想象你所处的当前空间，并且回忆其中有几个黑色物品，想出来之后，请慢慢睁开眼睛。

你所给出的数量正确与否并不重要,关键在于你用眼睛环视的过程中,是不是感觉到黑色的物品都主动映入你的眼帘呢?

这就是阅读前先确定好目标所能带来的好处,当我们在大脑中想象出这个空间时,比起最开始,我们大脑中漫无目的地思考,会让我们更明确地知道,空间内有多少黑色的物品。

通过这个实验,我们就可以知道,阅读前先确定好目的这件事,将会带来以下两个好处:

● 你所搜寻的信息,会更容易映入眼帘,提升阅读的速度;

● 搜索获得的信息会更容易被记住,从而增进记忆力。

著名作家拉斯金说过:"没有目的的生活,犹如没有罗盘的航行。"阅读也是如此,没有目的地读书,往往只能成为消遣,不能使知识为你所用。

陆游读书，有的放矢

"饮食起居，疾病呻吟，悲忧愤叹，未尝不与书俱。"这是宋代大文学家、杰出诗人陆游读书生活的自我写照。他终生酷爱读书，以书为伴，与书为伍。不过，他读书虽多，却多而不杂，多而不乱。他读书都是有的放矢的。

首先，他注意有系统地读书。用现代话来说，也就是根据自己建立知识结构的需要，从整体考虑，有计划地读一大批书。他从小立下大志，常用祖父陆佃"映月读书"的精神勉励自己，决心要有系统地读万卷书。

少年时，他攻读了大量古人的诗作；青年时，他从"上世遗文"至"先秦古书"都读了个遍，尔后，又读完了《六经》《左传》《离骚》等历史重要名著。

其次，他注意结合研究专题读书。比如说，为了研究杜甫，他就选择有关杜甫的书籍若干本，潜心攻读，结果收到了很好的效果，如《老学庵笔记》等著作，写下了有关杜甫研究的独到见解。

再次，他注意将读书与使用联系起来。他为了实现自己抗击外敌入侵、报效祖国的宏愿，一边习武，一边苦读兵书，准备来日疆场决战时派上用场。他读《孙子兵法》一书时还写了一首题为《夜读兵法》的诗："孤灯耿霜夕，穷山读兵书。平生万里心，执戈王前驱。战死士所有，耻复守妻孥！……"

33 勤动笔、做记号，把读过的书变成永久的财富

> 在读书上，数量并不列于首要，重要的是书的品质与所引起的思索的程度。
> ——富兰克林

听说要写读书笔记时，你可能会冒出这样的疑问："我以前也写过，但是太麻烦了，坚持不下来呀""这也太费事了，做这种事情有意义吗"。

一、勤动笔，好记性不如烂笔头

一说到读书笔记，可能很多同学会想到是那种像写作文一样写满整个本子，光是看着就让人昏昏欲睡。其实做笔记并不只有这一种形式，我们也可以像记日记一样记得简单一些，比如，2018年8月5日，我读了某某一书，这本书比我想象中的有趣多了，作者某某的文

笔真好。

可能很多人认为,记读书笔记绝对不是这么简单的,但是笔者认为就算是这样简单地记笔记,也一定会让你有所收获,因为把读书笔记坚持下去,才是写读书笔记最基本的要求。

即使是一句简短的话,写和不写还是有很大区别的。

法国文学家鹿岛茂先生是位知名的图书爱好者,他曾经在随笔中这样阐述读书笔记的作用:"图书都是有重点的,没有必要从头到尾详细阅读。重要的是不管篇幅多少,都要下点儿功夫,让自己对读过的书有印象,即使只是记下这本书的作者、书名、阅读时的情景,或者是做些摘抄都好。要坚持写读书笔记,这是最有效的读书方法。"

写读书笔记可以达到的另一个效果就是加深记忆。我们在读书的过程中要进行读、画、重点内容记录下来三个步骤,每个步骤都需要阅读。这种多次阅读下的印象肯定会比普通的阅读印象深好几倍,这里笔者推荐用做记号的方法提高阅读效率。

二、三个步骤做记号，清晰整洁印象深

为了使我们读书和记笔记的效率更高，我们在读的过程中就应该做好记笔记的准备。不过你知道应该在什么地方怎样做记号吗？

日本畅销书大师奥野宣之建议我们在阅读时可以采用分阶段筛选阅读内容的方法。

简单来说就是第一遍通读时，把自己觉得有价值的内容折上一个角；第二遍重读时，只阅读自己折角的内容，如果仍觉得能使自己受益，那就把这一页的上下两角都折起来；第三步做标记，仔细阅读自己折起两角的页码，第三次阅读后，把你十分喜欢无法舍弃的部分画下来，抄录在笔记本上即可。

这样一来，经过至少三遍的阅读和深思熟虑后画下的线，一定是使我们受益匪浅的内容，避免了书中过多无意义的线条，影响阅读，又方便我们日后查阅，只要看折起两角并画线的部分即可。

三、利用好便笺，边读边写

当我们利用零碎时间，阅读一本比较厚或者是有难度的书时，建议大家在进行以上三道程序时，用便笺区分每道程序。

首先，我们要准备三枚颜色不同的便笺，分别代表通读、重读、标记。

当我们通读中断时，在书眉处粘上通读便笺，通读到某一部分比较难的地方需要重读时，再贴上重读便笺，同时中断重读开始做标记时，粘上标记便笺。

古代的哲学家、教育家程颐说过："学贵专，不以泛滥为贤。"

所以我们在阅读的时候更需要专心，当要做笔记的时候再拿起笔来。不过，如果阅读时感觉疲惫了，我们可以返回前面进行重读或者是做标记、记笔记，这样既丰富了阅读的多样性，又能缓解阅读疲劳。

四、巧用标记，区分对象

在这里，我们来针对第三步标记程序，来做一些详细的解答。

我们在标记书中重点内容时，可以用不同的画线方式对标记的对象进行区分。

比如笔者的阅读习惯是，普通直线用于画主观上感兴趣的内容；波浪线用于画想记住并在以后加以运用的重要内容；画圈用来标记专有名词、关键词句等。

具体例子如下：

研究者已经证实,<u>肠神经系统</u>在距今5亿年前的首批脊椎动物<u>身上就已经出现</u>,它们演化过程中逐渐复杂化,甚至<u>有可能是它促进了大脑的形成</u>。经过不断深入探究,科研人员可以发现,即使切断了肠神经系统和大脑的连接神经,它依然可以独立工作。但更多的时候,它会与你的大脑协同运作。<u>尽管你不知道,但是肠神经系统一直在进行思考,进而影响着你做的决定和反应</u>。

如果书上或笔记本上画的线条太多,重读时会影响我们的心情,所以尽量少画线。像这样使用不同的符号做标记,可以利用线条区分不同的意图,方便重读、理解。

MINGREN 名 | 人 | 书 | 房 SHUFANG

陶渊明:"会意"读书法

晋代文学家陶渊明使用"会意"读书法。他在《五柳先生传》中写道:"好读书,不求甚解,每有会意,便欣然忘食。"陶渊明读书时注意抓住重点,去繁就简和独立思考。实际上,他追求的是读书会意,着重领会书中深含的旨意,而不死抠个别字句。

34

三个步骤，计算你的阅读速度

> 读书必专精不二，方见义理。
>
> ——薛煊

很多人觉得自己的阅读速度慢，但是又不知道读得究竟有多慢，所以我们在这里给大家做一个简单的小测试，来计算一下你的阅读速度。

一、计时阅读

首先选择进行测试的书籍，最好选两本完全不同类型的书，这样方便我们进行对比。如果第一本书选的是非小说文学作品，第二本书最好选小说和传记。

测试的次数和种类越多，你就越能发现阅读速度反映了你对某领域的了解水平。

选好书后,我们就可以开始计时阅读了。

1.计时

自测时阅读三分钟时间,你要知道三分钟什么时候到。大家可以使用手机闹钟的计时功能,为自己设定三分钟的闹铃,时间一到,阅读停止。

2.匀速

阅读时,要注意尽量用匀速阅读,而不是像读小说那样略读,也不要像读课本一样反复研读,更不能为了应付测试而囫囵吞枣。

3.测试

A.选择自测用书的一部分,大约十页你没读过的内容。B.以尽可能快的速度阅读三分钟,用你的计时器计时。C.三分钟一到,用铅笔或钢笔标记下你读到的位置,然后合上书。D.单独准备一张纸,在左边写下编号1~20,对你的阅读记忆力进行评估,在纸上写下你能记住的所有内容,不要回头翻阅读过的内容。

二、计算速度

首先,计算每分钟的阅读速度。

大家可以计算一下自己读的书的版面字数,就是数一下,一页内容的横行有多少字,纵列有多少行,横竖相乘并乘以阅读页数,舍去零头,即粗略测出了你的阅读字数。

如:29字/行×26行/页×3页=2262字(约等于2000字)

2000字/3分钟约等于660字/分钟

这就是你每分钟的阅读速度。

其次,评估你的记忆力。

算完字数后,评估你的记忆力。前面我们有写下过自己记下的内容,这些内容能告诉你记住了多少。

要想评估你的阅读能力,最简单的方法是再读一遍材料并记下你应该记住的所有知识点。然后检查你的"试卷",你是否记住了所有主要内容。为自己定级:良好或有待提高。

不过即便你的测评结果不太理想,也不要失望,因为阅读记忆是可以训练的。

三、评估你的阅读能力

了解自己的阅读速度和记忆水平之后,很容易从问题着手,提高自己的阅读效率。看看你的水平在什么程度(年龄大于14岁，阅读不是很艰涩难懂的书）。

阅读速度	记忆能力
每分钟不足100字	弱。你应该尝试通过练习阅读速度和记忆能力，提高阅读效率。
每分钟200~300字	一般。你的问题可能是阅读量不够，每天坚持阅读，会有所收效。
每分钟300~500字	良好。你的阅读速度是正常成年人的速度，多加练习，能取得较大进步。
每分钟500~700字	很好。你是一位优秀的阅读者，学习一些技巧可能会降低你的速度，但是有耐心才会取得更大进步。

如果你的阅读速度和记忆效果不太理想，可以尝试每天阅读你感兴趣的书籍或报刊30~50分钟，一个月后再进行测试，看你是否有所进步。

读书需要记忆，如果读过之后没有丝毫印记，那跟没读也没什么区别。科学显示，记忆力和心情好坏也有很大关系，尤其是阅读一些专业性比较强的书时，这种结论更明显。所以，在心情平和、愉悦的时候，多读几本书，利用你的好心情，提高阅读效率吧。

诸葛亮:"观其大略"读书法

三国时期诸葛亮深通读书之道,不仅好学,而且善学,并因此成就了他的"足智多谋"。

诸葛亮隐居荆州隆中之时,与颖州石广元、徐庶及汝南孟公威是好友,并一起拜师游学。其他三人读书学习"务于精熟",诸葛亮读书却与诸生不同,他是"独观其大略"。他没有钻进书堆,死记硬背,而是泛读大概,撷取精华,掌握其实质。

诸葛亮读书也没有到废寝忘食的地步,而是正常地作息,"每晨夜从容,常抱膝长啸"。他对好友们说:"你们几位从政可以做到刺史、郡守。"三人反问诸葛亮"仕途"如何,诸葛亮"笑而不答"。

后来事实证明,读书务求"精熟"的石广元、徐庶、孟公威等人,也的确只做到刺史、郡守,而读书务求大略、得其精髓的诸葛亮则成为一代贤相。

35 提升专业性阅读水平,打造以一抵百的竞争力

> 光阴给我们经验,读书给我们知识。
>
> ——奥斯特洛夫斯基

相信很多人都看过赛车,赛车比赛是在椭圆赛道或公路上进行的。在椭圆形赛道上赛车要比在公路上赛车容易一些,因为每个弯道的距离是可测的,车手可以对加速和减速心中有数。

但在公路上赛车,因为没有特定的形状,而且弯道可能更多、更急、更不可预测,所以也更有难度。这就要求车手要有足够的耐心了解路面情况,对赛车手的技术要求也更高。

阅读与此类似,椭圆形赛道是可以预测的、熟悉的材料,公路赛道就是不可预测的专业材料或陌生的材料。

很多同学告诉我,他们在阅读专业材料的实用类文本和论述类文

本时,并不能快速阅读并抓住重点,这很正常,因为这可能是你不熟悉的内容。阅读不熟悉的内容想要达到你熟悉内容的阅读速度,那是不现实的。所以你需要更有效的阅读和理解材料的方法和策略,来帮助你在尽可能短的时间内,对阅读材料有更好的理解。

一、站在理解的十字路口

理解专业技术材料是具有挑战性的,就像为了考试而学习时,目的不单单是理解,而且要实际运用这些知识。具体有以下三种做法:

1. 根据你的阅读目的和任务,来选择和理解你所要读的内容。

2. 根据你的阅读目的和任务来记住并回忆相应的内容。

3. 新信息与现有知识的衔接。

对材料的理解并不意味着你必须每个字都读,而是意味着你必须运用积极的阅读策略,使之发挥比以往任何时候都更重要的作用。

二、理解类型的不同

理解有三种层面：一、字面上；二、解释上；三、运用上。小孩子通常只有字面上的理解水平，随着他们年龄的增长，以及经验的积累，他们会逐渐加深对文字的理解。

三、帮助理解专业性材料的方法

1.预览。预览的好处我们已经在前面提过，预览之后，即使是你不熟悉的文本，当你再次阅读时也不会觉得特别难懂。在你细读文章前所做的预览，是了解文章布局、大概内容以及作者观点的好方法。

2.熟悉陌生的术语。阻碍我们阅读速度的其实是一些艰涩难懂的词语或句子，所以攻破术语可以有效提高阅读效率。如果你正在阅读一本教材或者专业性书籍，你会发现书中的一些词、句会被印刷成黑体。这些词句你可以在细读之前把它们找出来，并且尝试理解这些术语的含义，这将有助于你后面的阅读。

3.寻找"5W1H"。不要从头到尾来反复阅读材料，而是要采用积极寻找"5W1H"的方法来帮助自己理解文本。"5W"即"who（什么人）""what（什么事）""when（什么时候）""where（什么地点）""why（为什么）"；"1H"即"how（怎么样）"。很多时候，我们在阅读材料时，找到这些问题的答案就已经够了，同时这些答案还能够帮助你理解相关的例子及观点。

4.调整阅读速度。不要因为阅读材料的专业性很强，就回到逐字逐句阅读的"套路"上去，我们仍然可以使用找关键字词、意群、关键意群等作为阅读"加速器"的方法阅读材料。但是速度可以略微慢一点儿。我们需要识别更关键的词语和句子，从而构建自己的理解力，帮助你训练自己的阅读速度，提高效率。

5.注重回顾。我们都知道记忆曲线，即我们的遗忘会随着时间的流逝有一个先快后慢的过程。所以，如果这些专业性材料是你需要长时间记忆或者永久记忆的一部分时，一定要注重回顾。你必须要多次接触该信息，预览并细读之后，在短时间内回顾一下。

其实阅读我们不熟悉的专业性文本，不但能扩大知识面，更能有效地锻炼我们的阅读速度。著名物理学家李政道有一句名言：向还没有开辟的领域进军，才能创造新天地。我们在阅读和学习中也是一样，只有不断探寻新的领域、新的方法，才能进步得更快。

MINGREN 名 | 人 | 书 | 房 SHUFANG

郑板桥:"精当"读书法

清代书画家郑板桥的"求精求当"读书法中的"求精",指的是读书要有选择,选好书,读精品;"求当"就是恰到好处,要适合自己的水平和工作需要。实际上,郑板桥并不反对博览群书,只是强调多读必须以精读为基础,多读的内容也必须用精读中得到的知识去联系新知识,围绕一个课题深入下去。读书贪多不求精,就会胸中撑塞如麻;读书求精不求多,才能读到书里去,抓住要领,但这样不等于深刻理解及全部掌握。

所以,还需要进一步的"探"与"研",因为书中的"微言精义"所包含的丰富深邃的内涵,往往是"愈探愈出,愈研愈入,愈往而不知其所穷"。在精读中,郑板桥还比较注意"问"。他认为"学问二字,须要拆开看。学是学,问是问,今人有学而无问,虽读书万卷,只是一条钝汉尔"。他提倡读书好问,才会使"疑窦释然,精理迹露"。

36 一分钟"快速浏览"法，拉近你与知识的距离

> 读书患不多，思义患不明；足己患不学，既学患不行。
> ——韩愈

看到标题，你可能会问，一分钟能做什么？是的，一分钟的时间很短，甚至在这样的时间内，你只能记住一个公式或一个单词。但是，我的建议是，在阅读中，要是想让平凡的一分钟发挥到最大的效用，那预览是不错的选择。

在美国佐治亚州的一所速读训练学校有这样一则案例，在测试者眼球保持不动的情况下，将书本上下颠倒并从后往前翻阅。然后合上书本，再次阅读后的理解程度，要比没有快速翻阅，直接阅读的体验者效率更高，理解得更好。

所以说，无论用多快的速度翻书，大脑中都会留下信

息。

事实上，只需要一分钟的快速浏览，就能在头脑中留下有关这本书的信息。在很多介绍高效阅读方法的书里也曾提到过这一点，因为这是真实有效的。

我也曾在读书会或者是班级里引导读者和学生们做过类似翻阅书本的实验，很多参与者一开始还抱着半信半疑的心态，觉得好奇，但是亲身体验后，都觉得拿出极短的时间，预览一下书本是值得做并值得长期坚持的。

这是为什么呢？

日本畅销书作家奥野宣之说过："无论你信与不信，随意地翻阅，能使你对这本书产生亲近感。"仅仅通过翻书的动作，就能增进对书中内容的理解，这是由于翻阅产生的亲近感能为大脑和内心带来安心感，对于我们的理解起到促进作用。

这种看似"神奇"的心理效应其实是有科学依据支撑的。翻阅书本后觉得对内容有"亲切感"是心理学上的"潜意识效应"，以及只要通过随意翻阅，就能向大脑中输送无意识的信息为"启动效应"理论。

所谓的"潜意识效应"，就是说，虽然事物会呈现出一些表象，但仍有一些隐藏的信息并不会被我们当场感知到，而我们之后的行为就会受到这种未曾被感知的信息影响。

所谓的"启动效应",是指由于之前受某一刺激的影响,而使得之后对其他事物的记忆与回忆,也变得容易的一种心理现象。

通过数十年的实验,已经证实,先获得潜意识方面的刺激,是能够提升对词语和句子的判断速度的。通过随意翻阅,将无意识状态下获得的信息输送到大脑的潜意识里,能够有效起到提高阅读效率的作用。不过在快速翻阅的时候,如果你想要有意识地去了解一些信息的话,反而是一件很难的事情,因为仅仅通过这样一个动作,只能使我们对这本书产生亲近感,并不能代替阅读。

世界知名的丹麦科学记者托尔·诺里特朗德,在他的《使用者的幻觉》一书中就曾提到过,大脑分别在有意识与潜意识状态下处理信息的速度,相对于大脑在有意识的状态下每秒40比特的处理速度,潜意识状态下,通过感觉器官进行的信息处理速度,能够达到每秒1100万比特。也就是说,通过向大脑输送无意识的信息资源,可以让我们以27.5万倍的速度来处理信息。

所以大家在开始阅读之前,先尝试以非常快速的速度来翻阅一下书中的内容。

在这里我们就将它归纳为"一分钟翻阅书籍法"。它的诀窍在于，翻页的速度一定要快。可能你会说我根本看不清或者看不懂上面的文字，没关系，因为我们正是要利用这一分钟的翻页声音和过程，让你对这本书产生亲近感，激发阅读兴趣，提高阅读效率。

而在这期间，你可以着重地注意一下书中黑体的字词，相信即使是快速翻阅一遍，你至少也会对一两个词语产生比较深刻的印象，这便是一种额外的收获。

MINGREN 名 | 人 | 书 | 房 SHUFANG

吴晗的"纸片式"读书法

吴晗是我国著名的历史学家，他聪慧勤奋，在清华求学期间便写下了一批有见地、在史学界相当有影响的文章。他自己也酷爱读书，曾经提出过"纸片式"阅读法。即凡是遇有价值的资料，就抄在卡片上，每张卡片只记一件事、一段话，并且记上出处。日积月累，卡片多了，就按照内容分类保管。他亲手整理了几万张卡片，把大量的资料储存起来，随用随取。

37

提高专注力，花更少的时间获取更多的知识

学会读书就是点燃火炬。

——雨果

从小到大，我们在课堂上听得最多的一句话莫过于"集中注意力，专心做……"其实集中注意力是一项技能，美国曾经进行过注意力高度集中的实验，证明成年人注意力集中的时间也不过20分钟左右。

而在阅读的时候，很多同学表示自己也想集中注意力专注读书，却常常开小差。

一、为什么刚读几页就会走神

阅读，有时能帮助我们集中注意力，不过有时也会分散

我们的注意力。很多读者都表示，每当自己想要好好阅读的时候，往往会被阅读之外的其他事情吸引。我们先来搞清楚，什么因素在影响我们的注意力，以及我们应该如何改变。

1.选择的阅读对象。就像我们做饭之前需要准备好食材和器具一样，阅读之前也要让大脑做好准备工作。这是帮助我们集中注意力和提高阅读效率的第一步。这时候你需要几次深呼吸，不但能使你放松心情，更能使你的情绪平稳。接着，问自己两个有用的问题："一、我为什么要读这些？""二、我应该怎么读？"这就是前面我们反复提到的，带着目的阅读。很多同学告诉我，当他们在有意识地带着问题阅读时，效果很好。这是因为有用的信息在你阅读的时候，自动地被筛选出来，不但能为我们理解内容节省时间，更能集中注意力，从而提高阅读效率。

2.你的阅读环境。回想一下你经常阅读的环境。建议你拿出一张空白纸，画一幅你阅读地点的草图，包括那里所有的摆设，如电脑、电视、椅子、电话、窗户等。画完草图之后，在图上把自己常坐的位置标注出来，然后把房间中分散你注意力的东西也圈出来，找到自己阅读时可能受到的干扰。

二、干扰你注意力的主观因素

阅读时注意力不集中，除了他人、电话、电视、手机等对你的影响之外，还有很多是你自己的主观因素所决定的。

比如是不是因为阅读的地点太过舒适。如果只是为了消遣时间而读书，相信很多人愿意选择在幽雅的咖啡馆、舒适的沙发或者柔软的床上读书。不过如果你是为了考试或者某项工作而读书，千万不能选择上述地点，因为当你躺在沙发或床上时，大脑会过于放松，而在书桌旁阅读，大脑则习惯了给自己下达"工作"的指令。

如果你对阅读材料提不起兴趣，或许会经常走神，大脑会告诉你"压根儿不需要读这些无聊的内容"，只是有时你必须强迫自己阅读不感兴趣的东西，尤其是工作材料和学习材料。

而且，在一天中错误的时间阅读，也是影响我们注意力的重要因素。每个人都知道自己一天中什么时候最容易集中注意力，有些人早起后精力最好，在早上更有效率；有些人则是"夜猫子"，晚上注意力集中，可以熬夜到很晚。你需要知道自己什么时候最清醒，什么时候最懒散，这两点同样重要。

三、提高注意力的有效方法

针对上面所说的影响我们注意力的因素，我们只要做出相应的策略就能有效地改善注意力不集中的问题。

1.远离干扰，隐藏自己。建议大家可以去图书馆或者教室里寻找安静的阅读环境。

2.听听轻音乐。在阅读或者学习时推荐你听一听轻音乐或者古典乐，这样可以帮你集中注意力。伴随着这样的背景音乐，你可以专注地处理手头的事务，当然要确保它们不会干扰到你。

3.换个更适合的地方。如果你想尽可能地集中注意力，就坐在书桌旁吧，在这样的地方大脑会更乐意工作。

4.在最有效的时间阅读。找到你自己的最佳效率时间，在这期间阅读，你会学得更多，记得更牢。

5.限制时间。为阅读某一材料设定一个合理的时间限制，比如十分钟读完这篇文章，如果阅读的时间是有限的，你会更专注。

6.记笔记让阅读更专注。笔记用来帮助你有意识地定位和存档最重要的阅读材料，不过要选择性地使用这个方法，因为这很浪费时间。

7.劳逸结合。是不是阅读的时间越久，效果就越好呢？并不是，阅读时间取决于你的阅读目的。你可以利用5分钟来浏览一份报纸，也可以用30分钟来阅读一篇小说。而且，长时间阅读，会使我们的眼睛和大脑产生疲劳，当你较长时间阅读时，感到注意力不集中，可以暂停休息一下。研究表明，人在阅读20~30分钟时可以休息5分钟左右。不要超过一小时还不休息，休息间歇越短，回到之前的阅读速度所需要的时间也就越短。

如果你在阅读中也想提高注意力，改善阅读习惯，可以尝试上述的方法，让你的注意力更集中，理解能力增强，真正做到在阅读中事半功倍。

名 | 人 | 书 | 房
MINGREN　　　　SHUFANG

黄侃误把墨汁当小菜

1915年，著名学者黄侃在北大主讲国学。他住在北京白庙胡同大同公寓，终日潜心研究"国学"。有时他吃饭也不出门，准备了馒头，还有辣椒、酱油等佐料，摆在书桌上，饿了便啃馒头，边吃边看书，吃吃停停，看到妙处就大叫："妙极了！"有一次，他看书入迷，竟把馒头伸进了砚台、朱砂盒，啃了多时，将自己涂成花脸，也未觉察。一位朋友来访，捧腹大笑，他还不知笑他什么。

38 了解作者的行文技巧,阅读、写作双管齐下

> 书籍是培育我们的良师,无须鞭笞和棍打,不用言语和训斥,不收学费,也不拘泥形式。
>
> ——德伯里

之前看过一个故事,据说在建造央视新大楼的时候,有关部门经常接到热心的市民打来电话说:"你们要管管啊,那个楼建歪了,这样下去要倒了……"

因为他们看到的只是局部,并不知道它的宏观结构,所以看到的并不全面。

我们在阅读时也是这样,如果你了解了作者的写作方式,特别是文章的组织结构,就相当于了解了材料的大概,就能更直接地找到符合你阅读目的的材料主旨。而且,明确了材料的主旨,你就能分析出哪些内容需要你精读,哪些只需要略读,从而节省更多的阅读时间。

我们生活中常见的文体有新闻报道、非小说的文字形式以及难度较大的小说载体。下面我们就来简单说说阅读这三大类文体的材料时，有什么技巧。

一、新闻报道类

新闻报道一般指的是故事以及大多数评论杂文或其他说明类文章。这类材料一般都采用比较简单的组织模式，以说明类文章为例，通常由"介绍—发展—总结"三部分组成。我们需要重视的往往是文章的总结部分。

二、非小说文学类

对于非小说文学的材料而言，时间有限的高效阅读者一般会先看开头与结尾部分，因为他们知道最重要的内容都在这两部分，中间部分相对次要。这类材料的结构如下，作者在开头给出主要观点，告知事情的发生发展或者提出问题；之后阐述观点，并给出论述；最后全文进行总结。

在一般的方法类图书或者教材中，你会发现上述的结构会反复出现。如作者一般会在内容摘要或第一章中提出主要观点或论点，同时该章节也使用相同的模式来撰写。首先提出主要观点，其次是事物的发展，最后是总结。后面的章节都有各自的要点以及相应的组织方式，但都在论述整本书的主要观点。最后的章节、后记或者结语部分，一般用来总结作者在本书最前面提出的主要观点。

有时，中间部分是次要的插图与示例，但大部分时候是对难点的逐条论述。如果时间有限，或者为了了解文章大意，你可能会选择只阅读开头和结尾的部分。训练有素的高效阅读者在阅读次要段落时会加快速度，而在重点难点部分会放慢速度，这是你应该认真学习的内容。

三、小说类

小说应该是这三类里面最为复杂的。因为小说这种文体，在某种程度上最接近真实，几乎每个人都可以与小说相关联，因为它是人类共同的经验。可能一篇写秘鲁渔场的说明性文章你不会很感兴趣，甚至你对渔场知之甚少，但是鱼是每个人都熟悉的，捕鱼人的生活故事相信更能引起你的阅读兴趣。这是因为每个人都熟悉人类的基本情绪，所以即使是在具有不同风俗习惯和礼仪的外国土地上的人物角色，也是相当富有吸引性的。

尽管小说题材从外表上看会迷惑人，让人觉得它很简单，但是小说的结构和构成往往是很有难度的。解释说明性的文字是信息传播的一种形式，然而小说却是一种艺术形式。小说的基本目的不是告诉你信息或者是为你提供指导，而是让你参与其中，而且它的复杂性可能在于每个作者都有自己讲故事的"套路"，可能有多少个作者，就会存在多少种组织模式。

不过你也不用害怕，简单来说，小说的基本结构还是可以归纳的。一般来说，我们在最初会看到一个或多个人物角色试图做某件事，然后这个故事通常会变得很复杂，就比如陷入一个困境，而后解决这个困境。你会发现，这种模式不仅会在短篇故事中反复出现，在长篇小说中也是如此。

我们在前面已经讲过，阅读任何内容之前，开始确定阅读目的这一习惯是很重要的，而花费几秒钟时间来确定材料的组织结构同样重要，以便你可以制订一个如何攻克这份材料的计划。

通过认真研究并将这个计划用在我们阅读的材料中，可能一开始你的阅读速度会减慢一点儿，但是不要气馁，在学习一种新的技巧时，会发生这种速度有所减慢的情况，但相信只要长此以往地坚持和训练，不仅你的阅读速度会快速提升，也能通过读和归纳总结带动写作，真正实现通过读来促进写的目的。

MINGREN 名│人│书│房 SHUFANG

村上春树：读书在于日积月累

村上春树读小学时，父亲有意培养他对日本古典文学的兴趣，但他始终未能入道，反而对西方文学情有独钟。

但这位爱读书的少年着实算不上是个好学生，进入中学后，村上常因学习不用功挨老师的打。回忆当初的叛逆，村上表示："不想学的、没兴趣的东西，再怎么样都不学。"

他阅读英文原著，一页一页地翻，一本一本地啃，还把自己喜欢的美国惊悚小说用母语翻译出来。

大量的阅读增强了他对文字的敏感度，使他更擅长从转瞬即逝的变化中捕捉情绪，不知不觉间为他的小说创作奠定了坚实的基础。

受家庭熏陶，村上春树非常喜欢读书，他回忆说："我家是非常普通的家庭，只是父亲喜欢书，允许我在附近书店赊账买自己中意的书。当然漫画、周刊之类不行，只限于正经书。但不管怎样，能买自己中意的书实在让人高兴。我也因此得以成为一个像那么回事的读书少年。"不得不说，村上很有运气，但运气背后，是他多年来深厚的文学积累，是一颗对文字敏感的心。

39 使用思维导图,培养更好的记忆能力

> 身边永远要带着铅笔和笔记本,读书和谈话时碰到的一切美妙的地方和话语都把它记下来。
> ——列夫·托尔斯泰

很多同学都跟我反映,"书到用时方恨少"。其实可能并不是你读的太少,而是你记住的太少。在高效阅读中,信息记忆能力和理解能力同样重要。这两者之间密切相关,又存在差异。

我们在阅读文章时,大脑会处理所看到的信息并形成理解,随后才会对信息进行回忆。这两种能力的实现都离不开大脑的思考,但发生时间又大不相同。所以理解能力是一回事,记忆能力是另一回事,不能混为一谈。

实际上,当你从大脑记忆中回忆线索是比较不容易的,

虽然人类的大脑与计算机类似，但无法记住所有内容。相对而言，正确认知信息或判断一个例证的正误，比信息再现（回忆）要容易得多。

我们在平时的阅读训练中，最难的理解能力测试就是回忆，因此阅读理解中常常有大量回忆信息类的题目。由此可见，阅读理解与回忆能力密切相关，培养阅读记忆与回忆能力的第一步是培养即时在线记忆信息的习惯。这很容易做到，当你把信息回忆同理解题目（文章讲的是什么）相结合时，就可以毫不费力地同时培养这两种技能了。

而本节要为大家介绍的思维导图的神奇之处就在于，它可以完美地使理解和记忆融为一体。

可能一些了解过思维导图的同学会说，每读一篇文章都画一张思维导图会不会太浪费时间。其实思维导图作为一种工具，是为我们所用的，也不一定要画得尽善尽美，只要自己能够看懂，方便我们理解和记忆即可。而且我们也可以用简单的文字，代替较为复杂的绘画。

那么我们就开始绘制属于自己的回忆思维导图吧。选择一张空白的A4纸。空白纸可以减少线条对我们思维的限制和引导，而4∶3的A4纸又符合人眼视野左右较宽的人体工学。在纸的正中间，写上思维主题。

接着画主脉，主脉呈现放射状，以关键词方式，写上第一个主要的概念标题。然后画支脉，支脉是从主干延伸出来的分枝，并填写次要概念标题。主脉和支脉上记录的是文章的主旨，不要回头去看读过的文章，尽可能用较少的词汇。在这里以《三峡之秋》的第一段为例，看看如何归纳记忆思维导图。

时令已经是秋天了。三峡的秋色，是从三峡两岸的橘柚树开始显现的。这些树生长在陡峭的山岩上，叶子也同那青色的岩石一般，坚硬、挺直。越到秋天，它们越显示绿得发黑的颜色；而那累累的果实，正在由青变黄，渐渐从叶子中显露出来。就在这时候，它们开始散发出一种清香，使三峡充满成熟的秋天的气息。

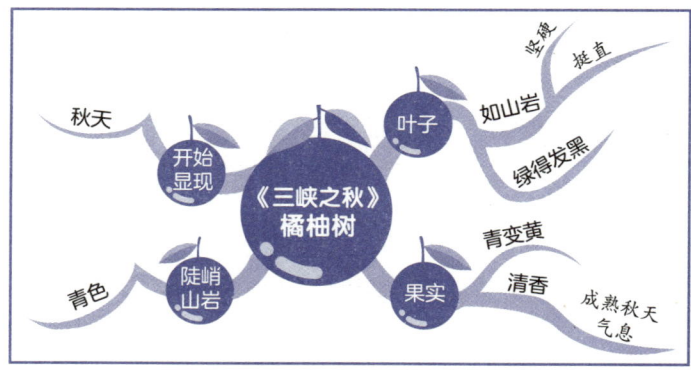

这样，我们把阅读的内容形成可视化的模式。思维导图作为信息记忆工具，在一篇散文中写出信息或者大纲，能让

你的记忆更容易。

这里要说明的是,既然是回忆模式,即在阅读结束时,写下能记住的所有信息。此时你需要做的是看你能记住多少内容,不要回头看读过的材料。如果是需要我们着重学习的材料,可以再快速阅读一遍,补充我们上一遍没有记忆下来的知识。

培养这项技能的速度很快,练习得越多,记住的信息就越多,这一方法在培养你阅读记忆力的同时有助于培养阅读理解能力。

记住,练习回忆时,不要回头去看读过的内容,把回忆能力看成是肌肉,练习得越多,肌肉长得越快越强,回头看阅读内容的话,你就是在练习复制材料,而不是回忆。

MINGREN 名 | 人 | 书 | 房 SHUFANG

匡衡借光读书

匡衡勤奋好学,但家中没有蜡烛照明。邻家有灯烛,但光亮照不到他家,匡衡就把墙壁凿了一个洞引来邻家的光亮,让光亮照在书上来读。同乡有个大户叫文不识,是个有钱的人,家中有很多书。匡衡就到他家去做雇工,又不要报酬。主人感到很奇怪,问他为什么这样,他说:"我希望借你家的书,通读一遍。"主人听了,深为感叹,就把书借给他读。于是匡衡成了大学问家。

40 找到阅读规律，成为阅读高手

> 书是这一代对下一代精神上的遗训。
>
> ——赫尔岑

众所周知，许多作家都有自己的写作习惯，这其中似乎有某种规律可循。

列夫·托尔斯泰只在早晨写作，他认为白天人会保持一种清醒的批判精神，而夜间则会写出大量胡说八道的废话；罗曼·罗兰写作时，总会在桌上放一面镜子，时刻观察自己的面部表情，借此刻画作品中的人物形象；弗拉基米尔·纳博科夫喜欢站着写作，而且都是写在索引卡片上，这种方法可以让他连续性地写下各种场景，然后他可以按照自己的意愿重新组织整理这些卡片。他的小说《艾达》便使用了2000

多张这样的卡片。

除此之外还有很多知名作家有属于自己的独特的写作习惯。

没有什么比习惯的力量更大，阅读也不例外。

之前在某本书上看到一个观点，觉得很新奇，它将阅读者分为X型阅读人和Y型阅读人。

具体怎么解释呢，我们来看几个例子：

当你要去某个国家或地方旅游，因而去买或借该地区的旅游攻略书；当你在学习或工作中遇到某些问题，你尝试着找书来解答；当你对某一陌生领域感兴趣，而买了该领域的书，试图增进自己对该领域的理解……这样的人属于X型阅读人。X型阅读人是求知者，读书是为了满足自己求知的欲望，填补自己未知的缺口，找的是知识。

当你看完《孙子兵法》，明白"虚则实之、实则虚之"的策略来自于人性；当你看完《我的职业是小说家》，明白写作将会是未来人们必备的素质；当你看完一本书，并找出了这本书所说的"规律"时……这样的人是Y型阅读人。Y型阅读人是规律追寻者，Y型阅读人找的是趋势，找的是事物发展的规律。

看了上面的介绍，你觉得自己是哪种阅读类型的人？

可能大部分同学都偏向X型阅读类型，因为当我们遇到困难或者想要开阔眼界时，总会想着先从阅读开始。但是我们阅读的目的也略有不同，如果你只是想消磨时间，那简单阅读一遍，可能并不会对你本身起到什么作用。不过，如果你的阅读目的是透过一本书的表面而看到书背后的本质，从而想提高自己在该领域的水平，老师建议你应该刻意练习，让自己向Y型阅读人转变。

我们应该怎样练习，才能吃透一本书的规律，而不是只停留在规律所衍生的知识上呢？在本章的最后一节，来给大家总结几点我自己读书时的方法。

1.两个"重要"别放过

第一个"重要"内容是，阅读图书内容简介和作者简介，方便我们对本书内容和作者有一个大概的了解。第二个"重要"是，序言和目录，序言有助于我们贴近作者的思维，快速对本书有一个提纲挈领的理解。而阅读目录方便我们了解这本书的结构和精华，仔细读了之后，才能清楚作者的整体思路，知道他在书中先谈什么、再谈什么，再对正文进行阅读。

2.阅读正文的两个"一定"

在阅读的过程中，有两点很重要：

一定要手不离笔，左手翻书，右手拿着笔，阅读过程中，遇到自己感兴趣的素材、观点，或存疑的地方，就随手画下，并标注出来，方便我们日后重读和做读书笔记。正所谓"不动笔墨不读书"，说的就是这个道理。

一定要边读边思考，读书重在思考，只有经过不断的思考，才能读出书里的精华。如果读到某一段，产生了某种感悟，可以把它写在书页的空白处，这样，一本书读完后，读书过程中所思考的问题，就被完整地记录了下来。

3.反刍式"复盘"法

很多同学读完一本书就觉得好像已经完成了阅读任务，其实你想想如果不及时再翻一遍或者整理笔记，很多内容你并没有太深的印象。这时候，我们应该像牛吃草一样，大口吞咽之后再细细反刍，哪怕只是再看一遍自己在书中的标记，也会加深印象，促进我们理解。

4.整理"索引"式读书笔记

每个人都有自己整理读书笔记的习惯，在这里不多做赘述，现在只讲解一种"索引"式笔记。比如我们在阅读一本书时，发现其中一个关于鲁迅读书时的素材，可能日后会被你拿来用，就以索引的形式将其记下。索引的标题尽量简明扼要，这样就能将重点的东西都整理下来，日后查阅也很方便。

5.坚持写读后感

很多同学都写过读后感,记录自己在读完这本书后的整体思考和感想。这是一个很好的习惯,可以进一步加深自己对文字的理解。读后感不用拘泥形式与字数,随意写写即可,但一定要坚持,持之以恒,你会受益无穷。

MINGREN 名｜人｜书｜房 SHUFANG

杨振宁的"渗透"读书法

杨振宁教授认为,既然知识是互相渗透和扩展的,掌握知识的方法也应该与此相适应。当我们专心学习一门课程或潜心钻研一个课题时,如果有意识地把智慧的触角伸向邻近的知识领域,必然别有一番意境。在那些熟悉的知识链条中的一环上,则很有可能得到意想不到的新发现。对于那些相关专业的书籍,如果时间和精力允许,不妨拿来读一读,暂时弄不懂也没关系,一些有价值的启示,也许正产生于半通之中。采用渗透性学习方法,会使我们的视野开阔,思维活跃,大大提高学习效率。

Chapter 05

阅读之后，别忘了"输出"

  阅读固然重要，然而更可贵的在于"致用"，也就是阅读后的"输出"。
  在平时写作、谈心、演讲等活动中，我们怎样才能将阅读过的书本中的知识准确而又迅速地从大脑中筛选出来并恰当运用呢？本章所选文章从写书评、谈心、写作、演讲等环节略谈一下阅读后的"输出"，希望对读者有所帮助。
  ——本章指导教师：仲维科、李善伦

41 "装"得多,才能"输"得好

但患不读书,不患读书无所用。

——朱舜水

这里所讲的"装",并非"读"之意,那种鸭子吞食般"食而不知其味"的"读"不是真正的"装"。"装",是读者对书籍的"吸收",是理解后的"储存"。我们只有平时"装"得多,方能在今后的应用中"输"得精彩。

首先,我们需要一个好的读书状态,那是一种心无旁骛、无比放松的状态。

有位作家曾这样描述过他的读书状态:

"我看书,很多时候是一种休息,一种很好的休息。因此,我看书也很少正襟危坐,怎么舒服怎么读,躺着读书也是有的。阅读时的身心是最放松的，读时偶有所获，或记在纸上，或记在手机便笺中。"

上面这位作家的感受诚然是真实的。试想，一个完全放松、内心徜徉在书籍字里行间的作者，他品文字，悟情感，思主题，虑内涵，对书中内容一览无余，那种感受一定是十分惬意的。

放松阅读就能抛开功利，没有顾忌，让心灵完全融入书籍之中；让人在书中来一场精神之旅。在旅途中，读者的心灵尽情地亲吻着书中每个文字，感悟每个字符的甜蜜与奥妙。读者的这种感受至甘至醇，美不胜收。

正如一位读者这样描述自己的放松读书感受："选择一个舒适的姿势，让整个心灵浸润于书籍的泽惠里，怡然如西湖卧游，静定如枯荷听雨。待街灯四起，掩卷沉思，心里全是抑制不住的欢愉与怡然。"

这样放松地读书，心灵必然会被书籍沾染了个遍，浸渍了个透，倘若再用这颗剔透玲珑之心去写心得，写下的每个文字必然弥漫着原著的馨香。

放松地阅读，既是读书的一种境界，也是阅读的一种方法，唯有静心读好原书，品透原著，那些经过读者潜心感悟的东西才能顺利"装"入大脑。

其次，读书还须借助我们生活的体验，与作者感情对接，产生情感上的共鸣。

共鸣，是读者（听者）在个人体验基础上，被书（曲）中内容所打动，从而产生的一种强烈的心理感受。

《红楼梦》中的才女林黛玉，就是一个极易产生情感共鸣的高手。《红楼梦》第23回有这样的情节：

黛玉走到梨香院墙角上，只听墙内唱："原来姹紫嫣红开遍，似这般都付与断井颓垣。"顿感缠绵，便止住脚步侧耳细听："良辰美景奈何天，赏心乐事谁家院。"听了这两句，不觉点头自叹。又听："则为你如花美眷，似水流年……"她不觉心动神摇。又听道："你在幽闺自怜"等句，竟然如醉如痴，蹲身坐在一块山子石上。《西厢记》中"花落水流红，闲愁万种"之句骤然涌上心头，她不觉心痛神痴，眼中落泪。

才女林黛玉的此番经历给我们上了生动一课：偶听到院内凄凄歌声，顿时入了心，带着自己寄人篱下的生活体验，用心倾听歌词，与剧中人物感情迅速对接，从而产生一种强烈的"心痛神痴，眼中落泪"的感受。

读书也是如此，只有与读者产生共鸣，才算真真正正走入书中，融进书里。

最后，读者的读书感悟，应有一种"不吐不快"的强烈欲求。

书读完了，与书中人物共鸣后的情感便在胸中酝酿得愈加炽烈，大有一种"不吐不快"的欲求。于是，读者应利用不同途径，或微博，或微信，或演讲，或作文，来表达那种被书籍触发的浓烈情感。

有一篇名为《作家和他的老妻》的小说，文中是这样描述作家萌生这种强烈欲求的：

"生产队里不指望，家里指望不上，闲人作家就有了充足时间看闲书，什么《古文观止》《唐诗宋词》《史记》《汉书》……当他痴迷于古典四大名著时，满心窝子就有了好些话；当他阅读了大量现当代作家文集时，手就发痒，不写可就憋不住了。"

小说中作家的阅读可算得上"轻松""深入""有共鸣感"。你看，他阅读完大量古典文学，心里就有了好些话要说；阅读了现当代作家文集，手就发痒，心里的话就憋不住了。这才真正到了读书后"欲罢不能"境界。

读书后获得的知识及激发的情感毕竟不同于我们身边有形的物体，装进去就是装进去——袋子扎好，就不会无缘无故地跑出来。而我们的知识和情感是富有灵性的，不想它，不用它，时间久了往往会"灰飞烟灭"。由此可见，"输出知识"对于巩固读书成果至关重要，是长久储存知识最有效的手段。

名人书房 MINGREN SHUFANG

每天阅读 50 页的古里安

1918年的一个夏夜,以色列第一任总理戴维·本·古里安端坐书房,捧着一本书在阅读。妻子保拉轻轻走进来,为他披上一件外套,柔声地说:"亲爱的,时间不早了,该睡了。"

古里安头也不抬地回应道:"等我读完了50页书,我才有资格去睡觉。"

保拉爱怜地劝丈夫:"你明天不是还有重要的事情要做?还是赶快睡吧。"

古里安这才抬起头,握住妻子的手说:"我再读一会儿就去睡。"

古里安无论多忙碌,每天读50页书的目标,却雷打不动。有时因白天工作忙没有完成目标,他就利用晚上补回来。他说:"读书能提升自己的社会责任感,使我站在更高更大的角度看世界。"长期熬夜严重影响了古里安的身体状况,朋友们劝他要注意休息,他这样回应大家:"不仅我要坚持读书,以后,也要让我们的孩子都热爱读书,只有读书,才能拥有终身受用的智慧和知识。"

42 一概二评三推荐，撰写书评并不难

> 好读书，不求甚解；每有会意，便欣然忘食。
>
> ——陶渊明

所谓书评，即介绍、评论并推荐书籍的文章，这属于应用写作的一种文体，是以"书"为对象，实事求是、有见识地介绍、分析书籍，它重在让读者在较短的时间内了解该书的内容、思想及价值，从而在作者、读者之间构建起一座信息交流的桥梁。

对于书评的撰写，虽然不同人手法各异，技巧不同，但其步骤不外乎这"一概二评三推荐"。

这里所说的"概"，就是指对所评书籍的内容做言简意赅的概括性叙述，让读者对该书的内容有一个大体的了解。

下面我们不妨介绍几段精彩书评，看看他们是怎样准确全面概括

的。

有一本精美实用的插花教程，名字叫作《有花真好》，对于这本书的介绍是这样的：

"这是一本非常实用的插花教程，书中图片精美，文字通俗；所教制作程序简单易学；所用材料方便寻到。"

厚厚的一大本书，介绍起来寥寥四十余字；可读者对于书籍的图文、教程、所用材料都清清楚楚，这种惜墨如金的介绍可真节省读者时间。

还有一本童话，名字叫作《爱丽丝漫游奇境记》，对于这本书的介绍却又与众不同：

"这本书讲述了一个叫爱丽丝的小女孩，在梦中追逐一只奇怪的白兔而掉进了兔子洞，开始了漫长而惊险的旅行。那个世界离奇古怪，滑稽荒诞。爱丽丝喝下一小瓶饮料便缩成拇指大小；吃下一块蛋糕后又长高，大到被门卡住；女孩哭起来，眼泪变成泪池；拿起兔子扔下的扇子一扇，又变成小人儿，差点儿被自己的眼泪淹没……"

对于这本书的介绍，原本一句话就可以交代清楚，写书评者偏不"安分守己"，他将书中具有线索性的精彩环节巧妙地加以罗列，令人读后浮想联翩。

我们身旁绝不缺少读书爱好者，甚至还有一些"读书小达人"，满怀兴致读完书后的我们该怎么办呢？我说，最该做的就是给书籍简明扼要地概括一下。试想，厚厚的一本书，三五句就清晰明了地概括出来，带给我们的不也是一个很大的惊喜吗？

下面再谈一下"评"。

狭义上讲，书评是对书籍价值的评议，任何不涉及书籍评议的文字，严格地说，都不能叫书评。好的书评应该是科学的、独到的、生动的。

首先，书评要注意评议的科学性。要以科学的理论为指导，实事求是地进行评议，不要以个人的直觉和偏见，任意拔高或贬低书中内容。

有一段对《爱因斯坦晚年文集》的书评，其内容是这样的：

"每篇文章都体现了作者的睿智和科学预见性。全书蕴含着科学家与知识分子的良知，浸透着他对整个二十世纪全人类的极大人文关怀。"

上面的评议，就是论者在阅读了《爱因斯坦晚年文集》后，以实事求是的态度，精准地进行的评议，有理有据，读来令人信服。

其次，书评要注意见解的独创性。要对书籍反复阅读，挖掘出作品的思想意义和艺术特色，从而提出自己新颖、精辟的见解。

《世说新语》中有这样一则故事:"阮光禄在剡,曾有好车,借者无不皆给。有人葬母,意欲借而不敢言。阮后闻之,叹曰:'吾有车而使人不敢借,何以车为?'遂焚之。"

美学大师宗白华先生对此有过这样的精彩评析:

"这是何等严肃的责己精神!然而不是出于畏人言,畏于礼法的责备,而是由于对自己人格美的重视和伟大同情心的流露。"

宗老先生的评析见解独到,深刻精辟。几十年过去了,今人读来仍赞叹不已。

最后,书评要注意语言的生动性。书评的语言要求表达准确、严密,体现一定的语言形象性与生动性。

比如,老舍先生的《骆驼祥子》,其书评中就有这样的评议:

"小说没有华丽的辞藻,没有刻意的修饰,而是以老北京方言为基础,选词凝练,语言通俗,给人以亲切、新鲜、恰当、活泼的感觉,散发着浓郁的北京地方色彩。"

上面评议,用词准确,简明扼要,富有文采,读来朗朗上口,很好地体现了评议语言的生动性。

推荐是书评的结尾,是评者与读者的共享。

给书籍写推荐,语气上一定要亲切自然,语义上要突出书籍对读者的益处,真正让读者"目触之""心动之"。

比如书评《难忘〈南京情调〉》这样推荐道:

"南京文化源远流长,底蕴深厚,值得特别关注。钟情于南京文化的人,即便不到南京,也能从《南京情调》中体味一番南京情调。"

推荐语亲切自然,似听老友娓娓而谈,很能打动读者之心。

再如《与书谈一谈》的书评这样推荐:

"《与书谈一谈》可以让我们勇敢地从傀儡里走出,脱掉所有让我负重的傀儡服,远离了精神恍惚,飞翔于真正属于自己的自由天空……"

读者读书评后,感到好处多多,定要去读;毫无迟疑,赶快去买。读者的心理也真就让推荐者抓住了。

书籍读完了,我们按着"一概二评三推荐"的路子,写上一篇书评;然后放到QQ上,发到微信上,写给同学欣赏,读给好朋友听,这必定会为我们的读书生活增添无限色彩。

胡适：读书的习惯重于方法（节选）

读书的习惯可分为：一是勤，二是慎，三是谦。

勤苦耐劳是成功的基础，做学问更不能欺己欺人，所以非勤不可。其次谨慎小心也是很重要的，清代的汉学家著名的如高邮王氏父子，段茂堂等的成功，都是遇事不肯轻易放过，旁人看不见的自己便可看见了。如今的放大几千万倍的显微镜，也不过想把从前看不见的东西现在都看见罢了。谦就是态度的谦虚，自己万不可先存一点儿成见，总要不分地域门户，一概虚心地加以考察后，再决定取舍。这三点都是很要紧的。

其次还有个买书的习惯也是必要的，闲时可多往书摊上逛逛，无论什么书都要去摸一摸，你的兴趣就是凭你伸手乱摸后才知道的。图书馆里虽有许多的书供你参考，然而这是不够的。因为你想往上圈画一下都不能，更不能随便地批写。所以至少像对于自己所学的有关的几本必备书籍，无论如何，就是少买一双皮鞋，这些书是非买不可的。

青年人要读书，不必先谈方法，要紧的是先养成好读书、好买书的习惯。

43 交流读书心得,架起书友间情感桥梁

> 书犹药也,善读之可以医愚。
>
> ——刘向

所谓读书心得,就是读者在读书后所产生的体会与感受,是读书笔记的重要组成部分。写读书心得,不仅可以明白书中或文中的内容和主旨,还可以培养明晰的头脑,敏锐的眼光,并且使日后无论做什么事,有自己独特的见解和主张,不会人云亦云,盲目附和。

读书心得可分成两个重要的部分:一是所读之书的大意,二是读者心得体会。撰写读书心得时,首先用自己的话语,把读过的东西浓缩成简略的文字,然后加以评价。对于所评之内容,不一而足,可就人物内容,可就写作技巧,可就语言风格,但必须要观点鲜明,切中肯綮。

所谓"书友",古指"书贾",后指"同学",自从有了"书友网",就成了"同样喜欢读书的朋友"。

随着网络的日益普及,互联网给天南海北的书友们搭建了一个方便快捷的交流平台。从此,读书不再孤独,除了书中鲜活人物外,还有远方那些同样痴迷于读书的朋友。

下面是"中国古旧书社区"网站"读书小动态"社区的一个帖子:

(甲)为促进书友间的感情交流,请大家聊聊你心中有分量的一本书。

(乙)《野性的思维》:本书通过各种翔实的素材对"原始人"的思维结构、社会结构、神话结构等进行考察,集中体现了列维-斯特劳斯结构主义文化人类学的中心论题、基本方法、理论内涵和哲学价值。

(丙)《贾题韬象棋著作全集》:该书由贾题韬的四部著作和散刊文章组成,其中《象棋指归》深入浅出地介绍了象棋的入门知识和提高棋艺水平的方法,是中国象棋理论的开创之作。

(丁)《鲁迅全集》:鲁迅先生的笔是投枪,是匕首;鲁迅先生的骨头是最硬的。《鲁迅全集》融汇了20多年来专家们对鲁迅研究的新成果、新资料，质量得到全面提升，内容更加充实严谨，学术资料的可靠性更强，是鲁迅学术研究必备参考书！

……

后面跟帖竟达到七百余条！天南海北的书友们，对近期所读书籍纷纷畅说自己心得，其热闹之势，无以言表。

除了交流读书心得，书友们还交流生活、学习、家庭等情况，言之温文，情之恳切，令人动容。可见，这是一群无话不说的真正知己，虽然他们绝大多数从未谋面。

真可谓，读书觅知己，交流见真诚。

谈到这里，你是否也有了借读书之缘，觅心中知己的欲望呢？答案倘若是肯定的，那么，我们不妨探讨一下这个话题。

首先，我们要以"求实"态度对待读书交友。读者必须静心阅读，让作者的智慧来激发你的灵感，写出精彩的读书心得。那种"网上搜索"式的虚假心得，极被书友们所不齿，因为读书人最厌弃"虚假"，何况这还兼有书友间情感交流的使命。

其次，书友间交流心得要心平气和。我们虽达不到"谦谦君子"的温文尔雅，也要"吐善言，宽待人"，毕竟，对于文章的阅读，大有"仁者见仁，智者见智"的成分，读书人要始终抱有一颗宽容之心。

再次，书友间切忌哗众取宠。大凡读书之人，都有一颗远离浮躁之心，很明白"巧言令色鲜矣仁"的道理。在论坛上，在群里，你不甚读书，见识肤浅，却油腔滑调地频繁留言。人们很不待见这样的书友。

最后，要敢于发言，知错就改。我们知道，读书心得关键在"得"上，即自己的认识。对于自己的观点和主张，我们要敢于发言，不要怕别人发难诘责。并且，当我们意识到了自己认识上的偏颇，还应知错就改。在这方面大文豪苏东坡给我们做了个好榜样。

传说，苏轼对王安石"西风昨夜过园林，吹落黄花满地金"诗句不以为然，提笔写下"秋花不比春花落，说与诗人仔细吟"来提醒王安石错了。后来，苏轼被贬黄州，在一个风雨过后的日子，来到菊园，映入眼帘的是满地菊花瓣，好像铺满一片金子。苏东坡长叹一声，转身回到自己的书房，提笔给王安石写了一封道歉信，言辞恳切请求王安石对自己错误改诗的原谅。王安石接到苏东坡的信，很有感慨地说："知错能改，做学问当如苏东坡。"

"书言多善语，读书多诚恳。"说的是书籍中多有教人积德行善之语，而读书者多是诚恳善良之人。很幸运，我们能成为一个与书为伴的读书者,那为什么不将在阅读中的"所读,所感"利用多种途径和平台好好地"输出"来,去觅到一个个善良真诚的书友呢?

MINGREN 名│人│书│房 SHUFANG

毕飞宇:我的阅读新姿势

毕飞宇先生曾说过自己的阅读很快,大部分时候,一目可以十行。但是,在阅读经典的时候,他甚至连一个词、一个字都不愿意放过。因为作为一个写作的人,每位作家都知道字和词的意义,它意义重大,它是一个作家的终极,它也许就是本质。在许多时候,你把字和词错过了,你就把整个作品错过了,甚至于,你把这个作家就错过了。

文字的基本属性有两个,一个是"形",这是供我们阅读用的,它作用于视力;但是,文字还有一个同样重要的属性,那就是"音",这是供我们说话用的,它取决于我们的听。事实上,在我们强调"阅读"的时候,我们一定不能做"自我残疾"这样的傻事,我们不该放弃我们的耳朵。它不只是用来架眼镜和戴口罩的。一句话,我们千万不该放弃文字的另一个功能。

44 善用读过的故事,感动周围的人

> 书籍把我们引入最美好的社会,使我们认识各个时代的伟大智者。
> ——史美尔斯

所谓"故事",古义为"旧事、典故",今天解释为:文学体裁的一种,侧重于事件过程的描述;它强调事件情节的生动性和连贯性,大多适于口头讲述。而最广义的故事,可以理解成叙事性文章中一系列为表现人物性格、展示主题、有因果联系的事件。读书人都知道,正是书中那一个个精彩感人的故事,才使得你手不释卷,夜不成寐。

曾几何时,你被书中故事所感动,那根麻木的神经陡然异常敏感,松弛的肌肤猛地绷紧,甚至撒满"米粒",继而情不能自已,泪流满面。感动是对美好情感的同情和仰慕,是心灵瞬间的净化，是最美好的心理体验。

既然这样，我们读书人何不将你读过的那一个个动人的故事分享给周围的人呢？

爱听美妙的故事是人们的天性，心中有精彩的故事，不愁没有听众。教室里、宿舍里、书房里、庭院里，到处有讲故事的舞台；同学、老师、爸爸妈妈、爷爷奶奶，人人是你忠实的听众。

那么，怎样才能通过讲故事感动周围的人呢？除了讲者的语气、语调、神态以外，还要注意对故事情节的整体把握、人物情感的准确理解和对听故事者情绪的及时预测。

首先，要弄清故事的来龙去脉，整体把握故事内容，弃繁就简，凸显感人的"故事核"。我们知道，好多感人的故事大都有其发生的缘由，有其复杂的背景，作为讲者一定要清楚，切不可一知半解，糊里糊涂；更不要胡子眉毛一起抓，没有侧重点。下面我们就以故事《伋子寿子》为例略谈一下。

春秋时期，卫宣公欲害太子伋子，便派他出使齐国，暗使贼人中途伏杀。伋子的异母弟寿子知道了内情，偷偷劝其逃跑。伋子说："为人子当以从命为孝。弃父之命，是为逆子。我不为！"寿子见哥哥不听劝告，情急之下就用酒把他灌醉，藏伋子于后车，然后把表示使节的太子旗帜插在自己的车上，驱车前行。途中，贼人误杀寿子。

不一会儿,伋子赶到,心痛寿子为己而死,愤怒地对贼人说:"你们要杀的人是我,他有什么罪?请杀死我吧!"贼人又把伋子杀死了。

关于卫国的这段历史,讲者要清晰明白,但是不关"兄弟情深"的内容可以删去,这样讲给大家听,才会清晰自然,感人至深。

其次,对人物的情感要准确理解,做到有扬有抑,情节起伏跌宕,富有波折。下面用故事《遗愿》讲一下这里的技巧。

李老汉有三个儿子,一个乡下农民,一个县城干部,一个省城大学教师。一天,老汉到医院去检查他的老胃病,回来后像变了人似的。他到县城儿子家要抚养费,到省城儿子家要供养上大学时的学费。原来老汉得了绝症。临终前,老汉从贴身的衣兜里掏出了厚厚一沓钱:"二儿、三儿,别怪爹无情,手心手背都是肉,我挂念你大哥呀!当我知道我没几天活头的时候,我最放不下的是你大哥;你们两家舒舒服服一年都有十多万收入,可你们当农民的大哥累死累活一年也就几千块……"

讲这个故事的时候,一定要先品味出老人对儿子们的关爱,特别是对生活艰难的农民儿子,更有说不出的偏爱;当他知道自己得了绝症时,对农民儿子的担忧愈加浓烈,因而上演了上面荒唐一幕。讲这个故事,一定在感知人物情感基础上,把情节的波折讲述好。

最后,在讲故事的时候,要时刻预测听者的情绪,在关键时刻说出真相,即出其不意"抖包袱",收到较好的感人效果。比如《丰碑》这一情节。

将军带领红军战士在云中山的冰天雪地里前行。忽然,警卫员汇报说:"前面冻死了一个人……"一个冻僵的老战士,倚靠着一棵光秃秃的树干坐着,一动不动,好似一尊塑像。他的衣服这么单薄、破旧!像树叶、像箔片一样薄薄地贴在身上。将军脸上顿时阴云密布,嘴角边的肌肉明显抽动了一下,蓦然转过头向身边的人吼道:"叫军需处长来!我……"将军红着眼睛,像一头发怒的豹子,样子十分可怕。没有人回答他,也没有人走开……终于,有人对将军小声地说:"这就是军需处长……"

听这段故事,听者对于被冻死的老战士的哀痛和同情、对负责军需物资的军需处长玩忽职守的愤怒、对将军发怒的敬畏等多种情感涌上心头,情感着实复杂。就在这个时候,讲者及时预测到听众的种种情感,适时将答案——这就是军需处长——和盘托出,那种几近刺骨的感动在听众心中油然而生,着实会感动听者肺腑。

总之,把你读过的故事,讲给周围的人,深深地感动着他们,这又是作为读者"输出"的一种方式。

MINGREN 名 | 人 | 书 | 房 SHUFANG

萧乾:读书如爬竿

萧乾在《知识与品位》中说:"一个系统地读着书的人,天天都像在爬竿。今天看不起昨天爱的那本。"天天读书的人,必然眼界日宽,标准日高,见识日广。就像一个人长大之后,便会觉得小时候玩过的游戏是不值一提的小儿科。

话虽如此,有的人会在不值一提的念想之余,意识到倘若没有当初的小儿科,何来今日的成熟、稳重、大气?所以,看不起是一种可能,倍加珍视是另一种可能。

读书如爬竿,是个无比绝妙的比喻,它暗示了人的精神世界随着读书的深入而日渐丰厚富足的过程。爬得越高越有掉下的危险,所以竿不可离手。竿是什么呢?竿是把一个人的精神骨架撑起来的真、善、美。

45 善用书中的智慧，劝导周围的人

> 书籍是屹立在时间的汪洋大海中的灯塔。
>
> ——惠普尔

所谓"劝导"，可解释为"鼓励引导、规劝开导"，是劝导者针对"被劝导人"思想上的闭塞或行为上的荒谬而进行的规劝。我们周围或多或少会有这样那样需要劝导的人，作为爱读书的我们不妨用书中典故、他人（古人）的智慧，耐心去规劝，来达到使之"豁然开朗"的目的。

在书海中遨游，这样的劝人典故还真不少。

三国时期，吴主孙权对自己爱将吕蒙的"不思学"极为不满。一天，吴主劝吕蒙多读书，吕蒙反而以"军中多务"推辞。于是，孙权苦口相劝："孤岂欲卿治经为博士邪？但当涉猎，见往事耳。卿言多

务，孰若孤？孤常读书，自以为大有所益。"吕蒙终被吴主说动，后勤学苦读，竟让文韬武略的鲁子敬感叹："士别三日，当刮目相待！"

读过《孙权劝学》，我们不妨探究一下吴主孙权的劝人技巧：作为一个君主，用亲身体验来劝导被劝者（吕蒙），终使其"心动"而发奋读书。这种技巧，说白了就是"现身说法"。现身说法，比喻用自己的经历为例证，对人进行讲解或劝导。使用现身说法劝人，显得亲切感人，很快拉近劝者和被劝者的距离；同时避免了空洞说教，更容易被人接受。宋濂在《送东阳马生序》里也是用了自己当年苦读的现身说法来勉励同乡马生勤奋学习。

战国时期，齐国谋士邹忌用自己被妻、妾、客欺骗的生活琐事，来规劝齐王，"今齐地方千里，百二十城，宫妇左右莫不私王，朝廷之臣莫不畏王，四境之内莫不有求于王：由此观之，王之蔽甚矣"。齐王听后连呼"善"，便在国内广开言路，采纳群言，虚心接受批评意见，并积极加以改正，终"战胜于朝廷"。

读过《邹忌讽齐王纳谏》，我们也探究一下邹忌的进谏技巧：作为一个臣下，不好直言劝君，便用"类比"来劝。

类比（论证），是一种通过已知事物（或事例）跟所论事物（或事例）有某些相同特点，使之同类比较，得出相同结论，从而达到论证的目的。《邹忌讽齐王纳谏》中，邹忌把自己因"妻爱我、妾怕我、客有求于我"受到不切实际的赞美，从而启发邹忌劝说君主纳谏，生动地证明了"王之蔽甚矣"这一论述。很明显，使用这种方法，说理直接，生动形象，被劝者会恍然大悟。在"五十步笑百步"中，孟子也是使用的此法。

春秋时期，秦晋合兵围郑，郑国岌岌可危。郑国烛之武，一介书生，单身入秦营，以"（秦）越国以鄙远，君知其难也""夫晋，何厌之有？既东封郑，又欲肆其西封，若不阙秦，将焉取之"等切身利害来劝秦王，最终使得秦王答应撤军。而后，晋国军队也从郑国边境撤退。一场危机就这样化解了。

这便是《左传》中非常有名的《烛之武退秦师》。读罢此文，我们着实佩服烛之武的大勇大谋：单枪匹马入秦营，以三寸不烂之舌退去数十万雄兵。然而，细细想来，这里面的技巧也并非高深，不过是"假设成立，推其利害"罢了。烛之武先假定郑国灭亡了，那么，对谁有好处呢？秦国不能越过晋国把边远的郑国做边境；郑国东边扩充地盘，还要往西扩充……关系到秦国的切身利益，这话很容易入秦王的耳朵，秦王撤军也就顺理成章了。使用这种方法最大的好处在于帮助"当局者"不再单一思考，能够谋求全面，回归于理性。诸葛亮舌战群儒时，就用过这方法。

当然了，古今中外成功"劝人"的典例还不止这几个，书读得多了，这样的典故和智慧也就积累得愈加丰满。在现实生活中，我们的同学、姐妹、兄弟，甚至包括爸爸妈妈等长辈，由于年龄、性格、学识等方面的原因，他们有时也会发生"想不开""做事偏激"等这样或那样的问题。作为热爱读书的我们，不妨从书中汲取他人（古人）智慧，巧妙运用到现实生活中，或"现身说法"，或"讽喻类比"，或"推理其利害"，使其走出苦闷，变得豁达；走出偏执，变得理性。

善用书中的智慧，劝导周围的人，丰富了自己，成全了他人，此诚"善莫大焉"。

MINGREN 名｜人｜书｜房 SHUFANG

严歌苓：关于阅读与写作的记忆

华人女作家严歌苓有很多脍炙人口的作品，如《芳华》《金陵十三钗》《小姨多鹤》等。她出生在一个书香家庭，父亲是作家，所以常常把最近读了的书推荐给她。有一段时间，不管多忙，严歌苓都会拿出早晨的时间与父亲喝咖啡，这短短一小时，与父亲谈一谈最近写的文字，聆听父亲的建议。

在严歌苓儿时的记忆中，家里有大堆的书，都是父亲从爷爷那儿继承过来的，有很多线装书，诸如《水浒》《西厢记》等，也有像《唐璜》和《安娜·卡列尼娜》之类的书，这些书陪伴她走过了少年时代。

父亲也跟她说："你写作先天不足，因为没读过什么书，基础很差。所以，你要非常用功，得比人家要用功很多。"

"用功"这个词就这样刻进严歌苓的脑海里。她一直觉得自己是只笨鸟，如果不每天五点钟"出林子"就没得吃。所以每天坚持早起阅读、写作，对她的影响很大。

46 考场气定神闲，运筹满分作文

> 我读书奉行九个字，就是"读书好，好读书，读好书"。
> ——冰心

气定神闲中的"气"即"元气"，"神"则是人们口中常提到的"魂儿"，也就是说一个人只有元气充足稳定，他的内心才会镇定自若。我在这里之所以要用这两个词儿来形容考场考生的精神状态，是因为一切奇迹的创造必须建立在稳定的、专注于所干之事的心态之上。

美国一位著名的高空走钢索表演者瓦伦达在一次重大表演中，不幸失足身亡。他的妻子事后说，我知道这次他一定要出事，因为他上场前总是不停地说，这次太重要了，不能失败；而以前每次成功的表演，他总想着走钢丝这件事本身，而不去管这件事可能带来的一切。

同样，我们面对考场作文也是一样，切不可像上面的瓦伦达在最后一次表演时那样胡思乱想：本次作文对我的语文成绩太重要了，不能失败，决不能失败！

心事重了，也就六神无主，好的构思、好的词语也就在考场上渐行渐离了你。试想，我们平日里读了那么多书籍，领悟了那么多至理名言，解决这样的应试作文还不是"小菜一碟"？

静下心来，我们不妨把平日里阅读的精文妙语在考场上精准"输出"来。

平日里，我们读文章不仅领悟思想内涵，还要琢磨人家的写作技巧。下面就从六个方面谈谈考场作文应注意的事项。

第一，精巧定题目。一个好的题目，就像一双秋波流转、顾盼生辉的眉目，透过它可以洞悉文章的灵魂。题目只有确切精练、独到新颖、有意蕴、有文采，才能眉目清秀，摄人心魄。倘若不是命题作文，我们可多多借鉴阅读过的精妙文题技巧，或妙用修辞显灵动，或引用诗词见智慧，或借名俗语添亲切，或反向思维收奇效，或设置悬念勾魂魄……总之，让我们往昔阅读到的精华为考场文题助力添彩。

第二，文中有光环。我们知道，考试作文阅卷就像流水线，一波未伏一波又起，评卷者根本没有时间和心情把你的文章当咖啡细酌慢饮,其间深藏的况味,是不大能轻易看出来的。因此,如果能够刻意地在文中设置几个醒目光环,来抓住阅卷老师的眼球。或拟一个能开宗明义、画龙点睛的短小题记,或精美绝伦的小巧自然段,或意义深邃的反复句,都可能收到意想不到的效果。

第三,首段有魅力。清人李渔说:"开卷之初,当以奇句夺目,使之一见而惊,不敢弃去。"若审准了题,立好了意,理清了思路,再打造一个不同凡响、引人入胜的开头,那作文就有了吸引力,能达到阅卷老师"尝一口想得一杯"的效果。通过大量阅读,我们学到了一些精妙开篇的方法,比如,名句引入法,提问进入法,悬念切入法,开门见山法,排比切入法,故事引入法,比兴开启法,等等。

第四,过渡要自然。过渡句段对于文章的整体架构而言,是不可或缺的,它是连接上下文的桥梁和纽带。如果考场作文中没有恰如其分且文采斐然的过渡句段,文章就会给人一种不自然或者雕琢的痕迹,从而构成阅读障碍,造成分值的下滑。结构严谨,过渡自如,衔接自然,细针密线,天衣无缝,就会达到获取高分之目的。

第五,结尾当用心。元人乔梦符认为,好的结尾应短小精悍，刚劲有力。结尾富有文采，须耐人寻味，让评卷者爱不释手，久久不能释怀。有一个精彩的结尾，为文章留下最后一抹亮色，从而收到"回眸一笑百媚生"的效果。阅读完大量文集，我们知道，优秀结尾，一般有以下技巧：首尾呼应，凸显主旨；言为心声，呼唤号召；巧妙发问，引人深思；引用佳句，多姿多彩；抒情议论，气势不凡；景物烘托，诗情画意；卒章显志，感悟升华；含蓄蕴藉，耐人寻味；等等。

最后叮嘱一下书写。人常道："人靠衣装，佛靠金装。"考场作文分数在一定程度上很受书写影响。考场上因书写不规范，卷面不整洁而使作文扣分的教训很多。现在是电脑扫描阅卷，字一定要写大些，阅卷教师一眼扫去一清二楚，尽可能写楷书，当然漂亮的行书也很好，在平时就要高度重视卷面的修饰。

对于乐读书的我们来说，倘若注意了以上注意事项，考场上的满分作文不敢说，高分作文还是有把握的。

冯其庸的"三要"读书法

著名文化学者、红学家冯其庸先生一生酷爱读书。读初中一年级时,教他语文的丁老师对他说:"读书要早,著书要晚。"他觉得丁老师的意思是早读书,可以早开启智力;晚著书,是让自己的思想更成熟,见解更可靠,不致贻误后人。丁老师的话非常宝贵,他一直铭记在心。

对于读书,冯先生认为:一要勤奋;二要多思;三要勤于实践。

冯先生是怎样勤奋读书的呢?据他说,小时候读书,先生要求他们不仅读文章,而且还要背下来。冯先生读到小学五年级时,因抗战爆发、学校停办而失学,当时他从学校图书馆借了一本《三国演义》不能归还,这成了他失学后唯一的课外书。他看了无数遍,里面不少精彩的对话,他都能背出来。之后,他又从小伙伴那里借到《古诗源》《唐诗三百首》《古文观止》《西厢记》等书,不但熟读,还背诵了大部分篇章。背书不但让他储备了许多优美的词句,提高了语文水平,还给他的写作带来灵感。他写起文章来左右逢源,内容丰富、灵动,让人一读就舍不得放下。

冯先生除了勤于读书、乐于思考外,还很注重实践。读《史记》的时候,对项羽乌江自刎的情节存疑,于是他几次去安徽定远、乌江实地考察,写出了《项羽不死于乌江考》。读《三藏法师传》的时候,先生对玄奘归国的路径存疑,于是他10次赴新疆等地考察,76岁再登高原,成功找到玄奘取经东归的入境处。只有把实地考察和书本相互印证,冯先生心里才踏实。

47 待到妙笔生花，读者成了作者

> 读过一本好书，就像交了一个益友。
>
> ——臧克家

成语"妙笔生花"出自《云仙杂记》卷十，原说"李白少时，梦所用之笔头上生花"，后比喻杰出的写作才能。我们知道，阅读后输出的主要方式就是"说"和"写"，而"写"的至高境界乃是妙笔生花。

阅读给了我们写作之生动"词汇"、精巧"技法"、丰富"素材"，而要做到妙笔生花，光靠读还远远不够，还要懂得一些写作技巧。

第一，遣词造句力求生动形象。客观事物是丰富多彩和千变万化的，用于描述客观事物的语言也应该如此。写文章首先要选用最能反映事物本质特征的那一个词语,方能做到用词准确精当,鲜明生动,富有形象感。

第二,巧用修辞多色彩。修辞手法的巧妙运用,能勾勒出事物的立体特征,使难言之物、难状之景如在眼前。根据表达的需要,恰当地运用比喻、拟人、借代、夸张、对偶、排比、设问、反问等修辞方法,更能增强语言的文学性,增强语言的表现力和感染力。

第三,句式灵活少呆板。写作时要善于根据抒发感情、体现思想或表达内容的不同需要,恰当选用不同的句式,以变换节奏,使语言抑扬有致、波澜起伏。如文言语句含蓄典雅,口头用语简练泼辣,长句周详严密,短句简洁明快,独词句鲜明突出,感叹句便于抒情,对偶句铿锵凝练,反复句余韵悠然,排比句气势磅礴,反问句加重强调、引人深思……整句和散句,长句和短句,灵活搭配,交替使用,语言就会变化多姿,产生一种特殊的美感。

第四,细腻描写见功夫。抒情性较强的文章,在用语上不可一览无余、平淡无味。文章描写要有情境,用语要含蓄,要能激发读者的联想与想象;要能促使读者去思考,特别是关键地方的用语。含蓄、有意蕴能使内容更丰富,耐人寻味，更有意境，有深度。

此外，在语言表达上要充满意蕴。"读书破万卷，下笔如有神"，在综合运用以上多种语言表达方式的基础上，如果你能再充分调动自己的文学积累，并在立意上做到深刻、有独到之见解，你就定能达到文思泉涌、妙笔生花的境界，你的文章就会深刻而充满意蕴。

除了上面所讲的几条写作技巧外，我们还要注意养成三个写作的好习惯。

一是"用心体验生活，并随时记录"的好习惯。"文章合为时而著，歌诗合为事而作。"文章必须要深入社会，走进生活，关注民生，为时代而写，才有可能创作出充满生命力的好作品。纵观中外名著，哪一部不是来源于生活的呢？再就是将这些观察得来的生活信息及时记录下来。孟德斯鸠在《波斯人信札》中说："我以观察为生，白天所见，所闻，所注意的一切，到了晚上，一一记录下来。"茅盾在《创作的准备》中也说："作者要像哨兵一样的警觉，随时将所见所闻记录下来。"

二是"勤于练笔"的好习惯。"曲不离口，拳不离手。"写作也是这个道理。必须天天练，月月写，年年作，最好保持每天有一定的写作量。美国作家海明威在成名以后，依然勤写不辍，每天规定了自己要写的字数。语言大师老舍也有自己的"定律"：没有一天不写，每天不得少于500字。他还说:"我们要多学,多写,这是最要紧的……练习写,越多越好。"熟能生巧,日积月累,水滴石穿,铁杵磨成针,自然会练就一身好功夫,好文笔。

三是"反复修改"的好习惯。写作中,有一个环节很重要,那就是写完文章后反复修改,加以完善。一挥而就,出口成章,这样的人绝对是天才。可我们大部分都是普通人,写出来的文章必须要进行修改。通过修改,我们才能发现问题,找到差距,弥补不足。真正的好文章往往都是改出来的。

在多阅读的基础上,我们要多注意写作技巧,养成多体察社会并将体察来的内容及时记录、反复练笔、写完后的文章精心修改的好习惯;然后,再将我们的文章通过邮箱交到编辑那里。我想,那一篇篇精心构思的大作会很快变成铅字飞到千百万读者面前。

读者成为作者,这不是一件很有意义的事情吗?

MINGREN 名｜人｜书｜房 SHUFANG

董必武：以读书正家风

读书学习对有的人来说不是一种规矩，但在董必武这里却是言传身教、实实在在的董氏规矩。

董必武是前清秀才，满腹诗书，后来参加革命也不忘读书，甚至在长征路上，他都随身背着书，走到哪儿看到哪儿写到哪儿。中华人民共和国成立后，工作之余，董必武总是手不释卷。65岁了他还自学俄语，学习的精神令人十分感动。董必武的毛笔字写得非常好，他规定自己每天一定要写100个中楷。如果这一天没有条件写，第二天要补回来。如果连续3天没写，他也会把落下的300个字补齐。

"鼓足劲头持久战，青春不再莫蹉跎。"这是董必武写给儿子董良羽的一首诗，教育他要珍惜时间，学贵有恒。他说："青年学生时代最大的毛病是不好学。"他要求孩子们"学要有恒，尤要专心"。

48

三尺演讲台，抒发满腔激情

> 书籍是在时代的波涛中航行的思想之船，它小心翼翼地把珍贵的货物运送给一代又一代。
>
> ——培根

演讲又叫演说或讲演，是指在公众场所，以有声语言为主要手段，以体态语言为辅助手段，针对某个具体问题，鲜明、完整地发表自己的见解和主张，阐明事理或抒发情感，进行宣传鼓动的一种语言交际活动。

作为我们这一章"阅读后别忘了'输出'"的内容，我们不妨从阅读、写作、实践三环节去谈论一下"演讲"。

首先，静心揣摩名家经典演讲稿，探索名人演讲成功的奥秘。综观这些中外名人大师级的演讲，其成功的关键在于"稿之有物""言之有色"，即演讲稿内容能打动人，演讲词能生动感染人。

我们不妨举美国第16任总统林肯《在葛底斯堡国家烈士公墓落成典礼上的演说》为例谈一下其间的"物"与"色"。

就内容而言,这篇演说稿赞美了那些为捍卫民主而做出牺牲的将士。演讲意蕴深厚,紧扣主题,与民众产生强烈的共鸣。

就语言来说,语言洗练,朴素中显优雅,行文完美无疵,整篇演说言虽尽而意无穷,特别是其中"政府应为民有、民治、民享"的名言被人们广为传诵,以生动感人的语言成就了这篇世界演说史上的珍品。

其次,精心撰写演讲稿,为演讲打下坚实的基础。我们知道,演讲稿是人们在工作和社会生活中经常使用的一种文体,用来交流思想、感情,表达自己的主张、看法,它可以把演讲者的观点、主张与思想感情传达给听众以及读者,使他们信服并在思想感情上产生共鸣。因此,演讲稿一定要具备针对性、可讲性、鼓动性的特点。

所谓针对性,首先是作者提出的问题是听众所关心的问题,它的评论和论辩要有雄辩的逻辑力量,要能为听众所接受并心悦诚服,这样,才能起到应有的社会效果。演讲要靠口头讲出来的,所以写演讲稿的时候必须以容易说能够讲为前提,即为可讲性。演讲要依靠演讲稿思想内容的丰富、深刻,见解精辟、独到,语言表达要形象、生动,富有感染力。

演讲稿的结构分开头、主体、结尾三部分,其结构原则与一般文章的结构原则大致一样,但是,由于演讲是具有时间性和空间性的活动,因而演讲稿的结构还具有其自身的特点:开头要抓住听众,引人入胜;主体要环环相扣,层层深入;结尾要简洁有力,余音绕梁。

最后,在演讲中,每个小细节都要注意,以防功亏一篑。首先要克服紧张情绪。紧张情绪因人而异,消除方法也就大不一样,这里有几种物理方法大家可以试一下:深呼吸,眼睛微闭,全身放松;心里默默数数,这样可以使血液循环减慢,心神就会安定下来;讲话前稍加活动,使得紧绷的神经放松一下;双手握紧然后放松,让肌肉缩紧再放松,也是一个不错的方法。

演讲开始,一定要将演讲稿讲话思路理清,做到胸有成竹。当然了,能将稿子背诵下来,那样会更好。演讲进入状态后,心也就放松了,但是切记不要随意乱加内容,避免演讲跑题;那种对于不知道的事情冒充内行,随意谈论别人的缺陷,空发牢骚,更是演讲之大忌。

把握好节奏,做到张弛有度。节奏,是指演讲过程在安排上的张弛起伏。演讲过程的节奏既要鲜明,又要适度。平铺直叙,呆板沉滞,固然会使听众紧张疲劳,而内容变换过于频繁,也会造成听众注意力涣散。所以,根据具体情况,巧用"起承转合",让整个演讲的过程行云流水,而又跌宕起伏,这样才会打动听众。当然了,演讲者还要根据现场的具体情况,控制住自己的节奏。

关于演讲,上述内容可谓"沧海一粟"。然而,对于一个用心阅读的人,演讲的技巧又显得不那么重要了,毕竟"腹有诗书气自华","一个"气自华"的人本身就是一名出色的演讲者。

近代国学大师梁启超先生可谓学贯中西,博览群书。他的演讲旁征博引、深入浅出,让人听着轻松,感受深刻,真如醍醐灌顶。看来读书为演讲打下了雄厚基础。

六方书屋苦读书,三尺讲台抒激情。让我们一边好好读书,一边在演讲台上展露才情,充分地展现我们演讲家的风采。

名 | 人 | 书 | 房 MINGREN SHUFANG

歌德：握紧人生中每个六十秒

歌德1979年出生于美因河畔的法兰克福，他一生写下了大量的抒情诗、诗剧和小说，他同时又是一位植物学家、矿物研究家，及色彩、光学专家。他知识如此渊博，读书如此之多，又留下《浮士德》等多部巨著，足以证明歌德是一个惜时如金的人。

他也曾在另一首诗中告诫自己的孩子："我的产业是多么美、多么广、多么宽，时间是我的财产，我的田地是时间。"由此不难看出，歌德最终能留下143卷之多的作品，依靠的不是多么高的天赋，而是紧紧追赶时间脚步的决心，一年365天，雷打不动坚持下来，一年又一年。最终，歌德不仅被称为最伟大的德国作家之一，更成为世界文学领域出类拔萃的光辉人物，一代大师就是这样练成的。

49 搅动三寸舌，终成雄辩之才

立身以立学为先，立学以读书为本。

——欧阳修

辩论，指彼此用一定的理由来说明自己对事物或问题的见解，揭露对方的矛盾，以便最后得到共同的认识和意见。

辩论可以开阔辩者思维，锻炼辩者的口头表达能力、查找资料的能力、应变的能力、统筹分析的能力等。辩论是阅读者往外"输出"知识的又一渠道。

在辩论中，双方观点应是对立的，只有双方观点对立，才有辩论的可能。

辩论的过程一般有开始、展开、终结这三个阶段，缺少其中任何一个阶段都不是一场完整的辩论。因此，一场完整的辩论一般应由论题、立论、驳论、结辩四部分组成。

所谓论题，就是双方共同谈论的话题；针对话题提出自己的观点，并通过恰当的论证方法充分地论证论点的过程就是立论；根据对方论点、论据、论证的漏洞加以反驳，这就是驳论；在"破立结合"的基础之上加以总结，这就是最后的结辩。

作为论题、立论、结辩，其内容都可预设，而最能体现辩者智慧的莫过于驳论了，本文向大家简单介绍几种在驳论中反客为主的小技巧。

一、移花接木求突破

剔除对方论据中存在缺陷的部分，换上于我方有利的观点或材料，往往可以收到"四两拨千斤"的奇效。我们把这一技法命名为"移花接木"。

例如，在"知难行易"的论辩中，反方：古人说"蜀道之难，难于上青天"，是说蜀道难走，"走"就是"行"！要是行不难，孙行者为什么不叫孙知者？正方：孙大圣是叫孙行者，可对方知不知道，他的法名叫孙悟空，"悟"是不是"知"？

二、顺水推舟迂回驳

表面上认同对方观点，顺应对方的逻辑进行推导，并在推导中根据我方需要，得出与对方观点截然相反的结论。

请看庄子和惠子的一段精彩辩论：庄子和惠子一起在濠水的桥上游玩。庄子说："鲦鱼在河水中游得多么悠闲自得，这是鱼的快乐啊。"惠子说："你又不是鱼，哪里知道鱼是快乐的呢？"庄子说："你又不是我，怎么知道我不知道鱼儿是快乐的呢？"惠子说："我不是你，固然就不知道你（的想法）；你本来就不是鱼，你不知道鱼的快乐，这是可以完全确定的。"

三、李代桃僵辟蹊径

当我们碰到一些在逻辑上或理论上都比较难辩的辩题时，不得不采用"李代桃僵"的方法，引入新的概念来化解困难。

比如，"艾滋病是医学问题，不是社会问题？"这一辩题很难辩，因为艾滋病既是医学问题，又是社会问题。正方引入"社会影响"这一新概念，从而肯定艾滋病有一定的"社会影响"，但不是"社会问题"，并严格地确定"社会影响"与"社会问题的区别"。而反方也领会了这一战术，在辩论中引入了"医学途径"这一概念，强调要用"社会系统工程"的方法去解决艾滋病，而在这一工程中，

"医学途径"则是必要的部分之一。这样一来，双方都用"李代桃僵"这一战术，使辩论陷入胶着状态。

四、缓兵之计稳住舵

在日常生活中，我们可以见到这样的情景：两口子争吵，一方气急败坏，一方不焦不躁，结果后者反而占了上风。论辩也是如此，在某些特定的论辩局势下，快攻速战是不利的，缓进慢动反而能制胜。这里的"缓进慢动"做法就是缓兵之计。

例如，1940年，英国舆论欢迎丘吉尔取代张伯伦出任英国首相，丘吉尔也认为自己是最恰当的人选。但丘吉尔并没有急于求成，而是采取了"以慢制胜"的策略。当时，首相张伯伦和保守党其他领袖决定推举哈利法克斯勋爵作为首相候选人。在讨论首相人选的会议上，张伯伦问："丘吉尔先生是否同意参加哈利法克斯领导的政府？"能言善辩的丘吉尔却一言不发，足足沉默了两分钟之久。哈利法克斯和其他人明白，沉默意味着反对。一旦丘吉尔拒绝入阁，新政府就会被愤怒的民众推翻。哈利法克斯只好首先打破沉默，说自己不宜组织政府。丘吉尔的等待终于换来了英国国王授权他组织新政府。

当然了,"辩论"是个大课题,绝不是这里的区区千言所能解决的,不过是"抛砖"而已。作为我们这些善于读书者,在浩如烟海的书籍中,吸收辩论知识,练习辩论技巧,让自己练就雄辩之才还是大有希望的。

MINGREN 名│人│书│房 SHUFANG

杰克·伦敦的纸条阅读法

凡是去过美国作家杰克·伦敦家中的人都会感到奇怪:窗帘上、衣架上、橱柜上、床头上、镜子上、墙上……到处贴满了形形色色的小纸条。这些纸条上写满了他搜集来的资料:有美妙的词汇,有生动的比喻,有五花八门的句子,这些纸条方便他随时阅读和思考。外出的时候,他把小纸条装在衣袋里,只要一有空闲时间就拿出来看。

50 古代圣贤教我们阅读后该干什么

读书好处心先觉,立雪深时道已传。

——袁枚

先前,想写的是"成功人士阅读后做的两件事"。在准备材料的过程中,我不免犯了难:何谓成功人士?是商界精英马云,还是科技泰斗钱学森?是叱咤风云的帝王将相,还是文传千古的文人墨客?不行!因为,纵观整个世界,成功实在没有什么客观标准。再说"要做的两件事",也不好评说,不同的人有不同的喜好,读书也相应有不同的方法,找他们之间共同要做的两件事,实在不好找。因而,今儿不妨还是老生常谈一番,说说古代圣贤教我们阅读后该干什么。

一、至圣先师孔子教我们阅读后干什么

先师孔子在儒家经典《论语》中告诉了我们很多"阅读后该干什么"这方面的教诲。比如,"学而时习之,不亦说乎"教导我们,书读完了不要束之高阁,还要经常复习、温习、领悟,做到知识上的融会贯通、学以致用;"独学而无友,则孤陋而寡闻"教导我们,阅读后要常和志同道合的朋友们多交流,相互切磋,取长补短,共同进步;"诗可以兴"教导我们,阅读后要多联想,多想象,这其实就是让读者培养一种触类旁通的能力;"诗可以观"教导我们,阅读后要多多去观察社会,以提升人的观察力;"诗可以怨"教导我们,阅读后可以抒发内心不平、幽怨情绪——当然了,这种抒发不是简单粗暴、直截了当的,而是理性优雅、中和恰切的。《论语》中有关读书的谆谆教导还很多,倘若我们用心去读《论语》,定还会领悟不少。

总之,读书后,用心去品悟、领会书中精华,去与志同道合的朋友交流切磋,多开动脑筋联想、想象,多去观察分析,从而抒发自身触发的情感,这样做还是大有裨益的。

二、亚圣孟子教我们阅读后干什么

孟子曰:"尽信书,则不如无书。吾于武成,取二三策而已矣。仁人无敌于天下,以至仁伐至不仁,而何其血之流杵也?""书"

在孟子的话里特指《尚书》，而现在用这一句时，已经把"书"的含义一般化了，意思是：如果完全相信书上说的，那还不如没有书。就是说，阅读后我们绝不能盲从、迷信书中的知识。

"尽信书不如无书"这句至理名言对于我们读书者太重要了。试想，眼前书籍浩如烟海，每本书都承载着作者独自的思维方式和意识形态，也许在当时、当事有些指导意义，然而时过境迁，到了我们手中就不一定了。今天，我们读此书就必须带着我们的思维去吸收，去利用，方能成为我们"进步的阶梯"，否则，适得其反，反受其害。

更何况，我们今天出版业大大发展，日出一书的出版社已不在少数，书籍汗牛充栋，其负面效应是"无错不成书"，这已成为一个日益引起人们关注的社会问题。在这样的情况下，"尽信书，则不如无书"的精神就显得尤其必要。

三、其他圣贤教我们阅读后干什么

古代圣贤谈论"读书"的很多，但教我们读书后具体要干什么的还真不多；可是，我们可以通过古圣贤言录加以品味。

"书犹药也,善读之可以医愚。"——刘向

这句格言我们不妨这样领会:我们读书以后,要多多去反思自己身上的缺点和不足,用书中的知识来改善自己,修炼自己;久而久之,我们就有了很大的进步。倘若那样,书籍不就成了灵丹妙药,医治了人们内心之"愚"了吗?

士欲宣其义,必先读其书。——王符

王符非常重视"正学"(即教育)问题。强调以"正学"作为一项基本的国策。关于教学的内容,王符强调"以经书育人",也就是"以国学教化人"。我们不妨这样领会:我们读书以后,要感悟书中大义美德,在日常生活中加以彰显,逐渐使自己变成一个品德高尚的人。

养心莫若寡欲,至乐无如读书。——郑成功

这句格言虽没有具体讲阅读后干什么,但能让我们感悟到阅读以后的一种情志和心态,一种至欣至兴,喜气洋洋的至乐感受。这是阅读带给我们的至高馈赠。由此看来,阅读后干什么并不重要,重要的是让我们拥有一个欢欣愉悦的心境。

古代圣贤教我们阅读后该干什么呢?

简而言之,就是怀疑它,独立思考它,在实践中接受它;温习它，领悟它，与友人分享它；然后再反思自己，弥补自己，知道自己；最后让每个读书人拥有一个美好的心境。这大概就是古代圣贤所谆谆教导后人的吧。

名人书房 MINGREN SHUFANG

余秋雨："畏友"读书法

散文家余秋雨提出："应该着力寻找高于自己的'畏友'，使阅读成为一种既亲切又需花费不少脑力的进取性活动。尽量减少与自己已有水平基本相同的阅读层面，乐于接受好书对自己的塑造。我们的书架里可能有各种不同等级的书，适于选作精读对象的，不应是那些我们可以俯视、平视的书，而应该是我们需要仰视的书。"

"阅读阅美",有梦就GO!

Pick 你喜欢的老师,有机会获得价值 188 元图书大礼包

☆☆☆☆☆
何翠老师

☆☆☆☆☆
仲维柯老师

☆☆☆☆☆
李善伦老师

☆☆☆☆☆
辛艳丽老师

☆☆☆☆☆
景毛毛老师

☆☆☆☆☆
陈默老师

读完本书,你觉得哪位老师讲的最好、你受益最大?为你喜欢的老师点亮小星星,并认真回答以下问题,将活动页寄回编辑部,将有机会获得价值 188 元图书礼包!

 你最喜欢哪位老师的"干货"?为什么?

 读完本书,你觉得收获如何?

 目前你还有什么阅读问题没有解决?

 关于语文学习,你还有哪些困惑?

我们将在意林官博分批公布获奖名单
活动页请寄:北京市朝阳区华腾北塘商务大厦 1501 意林图书部 邮编:100022